Baby Familie

SCHNELLE FAMILIENKÜCHE

Einfache Rezepte für jeden Monat

INHALT

MAI

JUNI

JULI

AUGUST

SEPTEMBER

OKTOBER

NOVEMBER

DEZEMBER

Unkompliziert, gesund und lecker: Wir finden, genau so sollten Kochrezepte für Familien sein. Denn welche Eltern haben schon die Muße, lange am Herd zu stehen? Da verbringen wir die Zeit doch lieber mit unseren Kindern. Deshalb haben wir dieses Buch gemacht.

> „ESSEN SIE ZUSAMMEN MIT IHREN KINDERN, WENIGSTENS EINMAL AM TAG."

Es enthält die besten „Klug + kinderleicht"-Rezepte aus „Baby und Familie", dem Gesundheitsmagazin für die junge Familie (gibt es jeden Monat in der Apotheke). Entwickelt hat sie alle Susanne Klug, Ernährungswissenschaftlerin, Kinder-Köchin und Mutter zweier Söhne. Sie weiß genau, was Kindern schmeckt und wie man sie dazu bekommt, auch mal so was Gesundes wie Gemüse zu essen. Einmal quer durchs Jahr begleiten Sie unsere Rezepte. So können Sie die Gerichte möglichst mit frischen Zutaten zubereiten. Dabei nehmen wir Sie mit auf eine kleine Reise zu den Helden des Monats. Wir stellen Ihnen ausgewählte Nahrungsmittel vor, die jeweils Saison haben. Denn wer weiß, was er da eigentlich auf die Teller bringt, kann das Essen ganz anders wertschätzen.

Und eines liegt uns noch am Herzen: Essen Sie zusammen mit Ihren Kindern, wenigstens einmal am Tag. Das hilft nicht nur, Übergewicht vorzubeugen. Es schafft auch Zusammenhalt, man tauscht sich über die Erlebnisse und Pläne des Tages aus, nimmt sich Zeit füreinander. Lassen Sie deshalb bei Tisch Streitthemen außen vor. Auch so wird Essen zum Genuss.

Herzlichst

Ihre Stefanie Becker

Susanne Klug

Stefanie Becker & Susanne Klug

DIE WICHTIGSTEN NÄHRSTOFFE FÜR KINDER

Um gesund groß zu werden, brauchen Kinder viele Nährstoffe. Welche das sind und in welchen Lebensmitteln sie stecken, stellen wir Ihnen hier vor. Wenn Sie regelmäßig frisch und ausgewogen kochen (s. Einkaufsplan S. 10) und ab und zu Obst und Gemüse anbieten, kann eigentlich nichts schiefgehen.

Betrachten Sie sich doch mal gemeinsam mit Ihrem Kind die Ernährungstabelle in der vorderen Innenklappe. Anhand der kleinen Illustrationen sehen Sie auf einen Blick, von welchen Nahrungsmitteln wir täglich mehr und von welchen wir weniger essen sollten. Lassen Sie Ihr Kind auch die einzelnen Lebensmittel benennen, so verinnerlicht es die Tabelle noch ein bisschen mehr. Erklären Sie, dass uns manche Lebensmittel eher dick und krank machen können, wenn wir zu viel davon essen (z.B. Pommes, Eis, Burger). Warum andere Lebensmittel unserem Körper guttun (machen uns stark, konzentriert, gesund). Je bildlicher und praktischer es erklärt wird, desto besser bleibt es bei den Kindern im Gedächtnis.

Kalzium

Für starke Knochen und Zähne

Enthalten zum Beispiel in Milch und Milchprodukten sowie Nüssen. Starten Sie den Tag mit einem selbst gemachten Granola mit **Joghurt** oder **Milch** oder einem belegten **Käse**brot, und für die Kalziumversorgung ist gesorgt.

Eisen

Zuständig für den Sauerstofftransport im Körper, stärkt Muskeln und Knochen

Enthalten in **Fleisch** (zum Beispiel Rind- und Putenfleisch), **Hülsenfrüchten, Spinat, Pfifferlingen, Haferflocken.**

Jod

Beteiligt an der Bildung von Schilddrüsenhormonen, wichtig für das Wachstum sowie die Knochen- und Gehirnentwicklung

Enthalten in **Seefisch** wie Kabeljau und Schellfisch, **Meeresfrüchten, Spinat, Brokkoli** und **jodiertem Speisesalz**. Das Lamm auf Seite 49 ist auf einem Spinatbett angerichtet und deshalb ein toller Jodlieferant.

Vitamin C

Unterstützt die Blutbildung und hilft der körpereigenen Abwehr

Enthalten in **Obst (Zitrusfrüchten, Beeren)** und **Gemüse (Paprika, Brokkoli)**. Vitamin C ist übrigens auch wichtig für den Aufbau von Haut, Knochen und Zähnen!

Magnesium

Für Muskeln, stabile Knochen und Zähne

Enthalten in **Vollkornprodukten, Milch- und Milchprodukten, Mineralwasser, Geflügel, Fisch, Nüssen, Kartoffeln** und in einigen **Früchten** wie zum Beispiel **Bananen**.

Vitamin B6

Unverzichtbar für gute Widerstandskraft, Nervensystem, Haut und Muskeln

Enthalten in **Sardinen, Makrelen, Walnüssen, Sojabohnen, Brokkoli, Kichererbsen, Geflügel, Haferflocken.**

Vitamin A (Retinol)

Für das Knochenwachstum, Haut und Schleimhäute, Sehen, Riechen, Hören

Enthalten in **Milch, Käse, Möhren, Spinat, Tomaten.**

Vitamin B12

Erforderlich zur Bildung der roten Blutkörperchen, schützt die Nervenzellen

Enthalten nur in tierischen Lebensmitteln, etwa in Fisch, Eiern, Käse, Milch, Fleisch.

Vitamin D

Wichtig für den Aufbau von Knochen und Zähnen

Enthalten in **Fisch** (Lachs, Makrele, Hering), **Käse, Eiern.** Vitamin D wird aber vor allem bei Sonnenlicht vom Körper selbst produziert.

Folsäure

Für Zellbildung und -wachstum

Enthalten in **grünem Gemüse, Vollkornprodukten, Fisch** und **Ei.** Deshalb gibt es Vollkornbrot zum Frühstück oder Abendbrot, Brokkoli oder Spinat wie den Brokkoli-Reis mit Lachs auf Seite 16 zum Mittagessen. Und der Bachsaibling von Seite 90 passt toll am Sonntag auf den Tisch.

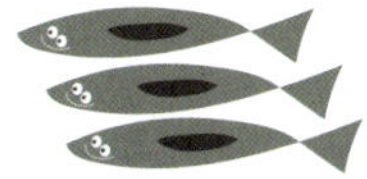

WOCHENPLAN UND EINKAUFSZETTEL

Um den Kühlschrank nicht unnötig vollzuladen und im schlechtesten Fall sogar Lebensmittel vergammeln zu lassen, hilft es, sich zu Beginn der Woche einen groben Koch- bzw. Einkaufsplan zu erstellen.

FAMILIEN-WOCHENPLAN

Montag	Italienischer Pastatag
Dienstag	Suppe oder Eintopf
Mittwoch	Köstliches mit Kartoffeln
Donnerstag	Getreide & Co. wie Couscous, Bulgur oder Reis
Freitag	Fisch
Samstag & Sonntag	Familien-Lieblingsgerichte, auch selbstgemachte Pizza oder Burger dürfen jetzt mal auf den Tisch.

Natürlich können Sie die Tage tauschen und auch etwas weglassen – es macht nur die Planung der Gerichte ein wenig einfacher, wenn die Hauptkomponente schon klar ist. Achten Sie darauf, dass die Tage bunt werden, also dass nicht jeden Tag Tomatensauce auf den Teller kommt. Vielleicht kochen Sie sogar jeden Tag eine andere Farbe.

DIESE DINGE GEHÖREN IMMER IN DEN EINKAUFSWAGEN

Frisches Obst: Für Nachmittagssnacks

Frisches Gemüse: Für die Knabber-Rohkost zum Abendbrot auf Seite 68 oder für Gemüse-Pommes auf Seite 128

Eier: Für leckere Omelettes, Süßspeisen oder auch eine feine Quiche. Aber auch ein Rührei oder Spiegelei ist perfekt für ein schnelles Mittag- oder Abendessen.

Käse: Nicht nur lecker auf Vollkornbrot, sondern toll zum Überbacken für Aufläufe und Gratins.

Milch: Milch und Milchprodukte gehören für ein gesundes Wachstum immer in den Einkaufskorb.

Brot: Nicht nur für das Frühstücksbrot oder den Pausensnack. Kinder lieben eine bunt gedeckte Abendbrotplatte. Ideen hierzu finden Sie auf Seite 70.

TIPP

Kaufen Sie auf dem Wochenmarkt ein! Meist kennt man die Verkäufer und weiß genau, worauf man sich verlassen kann.

KLUG + KINDERLEICHT

– SCHNELL GEKOCHT FÜR DIE FAMILIE

Eines vorweg. Ich bin zwar Ernährungswissenschaftlerin mit Schwerpunkt Kinderernährung, ich bin aber auch vor allem Mama von zwei Jungs, die nicht alles essen. Da wird mein Anspruch, gesund zu kochen, manchmal zur Herausforderung.

Schon in unserem Kindergarten war es der Running Gag, dass gerade meine beiden ziemlich heikel sind. Ob das daran liegt, dass es mir besonders wichtig ist, sie gesund zu bekochen und ich das viel zum Thema mache? Ich weiß es nicht. Ich glaube, Frederik und Vincent sind einfach ganz normale Kinder! Eines musste ich in den letzten Jahren deshalb lernen: geduldig zu sein. Irgendein Obst schmeckte ihnen immer (heute liegen 8 verschiedene Sorten auf dem Teller), irgendwann merkten sie die untergemogelten Gemüsesorten in den Suppen und Saucen nicht mehr (heute essen sie sogar nicht pürierte Saucen). Und natürlich gibt es bei uns manchmal auch die einfachen Kinderlieblinge wie Pfannkuchen (dafür mit Dinkelmehl), Nudeln mit Tomatensauce (daran kann man sowieso nichts aussetzen) und Pizza (selbst gemacht mit viel Belag), denn das schmeckt allen und macht alle glücklich.

Vielleicht macht Ihnen meine Erfahrung ein bisschen Mut, wenn es darum geht, die eigene Familie für eine gesunde Ernährung zu gewinnen. Wie gesagt, meine Jungs sind ganz normale Kinder: Und die beiden haben alle Rezepte in diesem Buch getestet. Mal schmeckte es Vincent, mal mochte es Frederik. Irgendeinen Treffer gab es immer. Sonst hätten wir die Rezepte

nicht für Sie in dieses Buch und zuvor bereits im Magazin „Baby und Familie“ veröffentlicht. Die meisten Gerichte sind außerdem schnell zubereitet. Manche dürfen aber auch ein bisschen aufwendiger sein. Kochen Sie diese am Wochenende, wenn mehr Zeit dafür ist. Auch die Zutatenliste ist nicht ellenlang, und alles sollte in Ihrem Supermarkt zu kriegen sein. Die Mengen sind immer für 4 Personen gedacht, dabei aber für 2 Erwachsene und 2 Kinder. Wandeln Sie die Rezepte dementsprechend ab, wenn Sie für mehr oder weniger Personen kochen. Einige Rezepte sind ganz einfach – beziehen Sie hier Ihre Kinder beim Zubereiten ruhig mit ein. Das macht einfach Spaß. Und so probieren sie in der Regel wirklich alles. Es stärkt auch die Gemeinschaft, genauso wie das gemeinsame Essen am Familientisch. Wichtig dabei: Handy und jede andere Ablenkung ausschalten und ganz für einander da sein. Viel Spaß!

Lieblingstester:
Susanne Klug mit ihren Söhnen Frederik und Vincent

JANUAR

Unser Immunsystem kann in diesen kalten Tagen Unterstützung gut gebrauchen, zum Beispiel durch wertvolle Nährstoffe. Grünkohl ist da ein super Kandidat, denn er enthält viele B-Vitamine, Vitamin C und K sowie Kalzium und Eisen.

FRISCHE-TEST UND LAGERUNG

Wie erkennt man frischen Grünkohl? Die harten Blätter sollten beim Aneinanderreiben quietschen. Das Gemüse hält sich ungewaschen etwa **fünf bis sieben Tage** im Kühlschrank oder Keller.

Baby Familie

TIPP

Grünkohl ist **schwerer verdaulich** als Brokkoli oder Blumenkohl. Deshalb essen ihn Kinder am besten erst ab Ende des ersten Lebensjahres, schön weich gekocht oder püriert.

GUT ZU WISSEN:

DER GRÜNKOHL

Aus der norddeutschen Küche nicht wegzudenken, als Superfood gerühmt: Der krause Kohl ist eine Vitaminbombe

STEILE KARRIERE

Lange galt das Wintergemüse, das von Ende September bis Anfang März Saison hat, als Teil der einfachen Bauernküche. Stundenlang mit Schmalz und Grützwurst (Pinkel) gekocht, fiel die traditionelle Zubereitungsart nicht gerade in die Kategorie „leichte Küche". Bis Grünkohl, in rohem Zustand **strotzend vor gesunden Inhaltsstoffen**, als Superfood neu entdeckt wurde.

SO VIELE NAMEN

Je nach Region und Land wird der Grünkohl unter ganz unterschiedlichen Namen angeboten. Kleine Wörterhilfe: In Braunschweig oder Bremen heißt er häufig **Braunkohl**. Im Oldenburger Land kennt man ihn auch als **Friesische Palme**. Rund um Hildesheim gilt er als **Hochkohl**. **Kraus- oder Strunkkohl** sind ebenfalls gängige Namen. Wer ihn im Ausland kaufen möchte, fragt in der Schweiz nach **Federkohl**, in den USA nach **kale**, in Großbritannien nach **curly cale** oder **green cabbage**, in den Niederlanden nach **Boerenkool** und in Frankreich nach **chou frisé**.

TIPP

Richten Sie für die Kleinen Reis, Lachs und Gemüse extra auf dem Teller an. So können sie jede Zutat pur genießen. Brokkoli steckt voller Vitamin K, Lachs liefert die Vitamine B6 und B12.

BROKKOLI-REIS MIT LACHS

FÜR 4 PERSONEN

150 g Vollkornreis
Salz
300 g Lachsfilet
200 g Brokkoli
100 g Kirschtomaten
4 EL Olivenöl
1 Knoblauchzehe
1 Bio-Zitrone
Pfeffer

20 Zubereitungszeit: 20 Minuten plus Kochzeit

1 Den Reis nach Packungsangabe in Salzwasser kochen und quellen lassen. Lachs waschen, trocken tupfen und in circa 2 × 2 cm große Würfel schneiden. Brokkoli putzen, waschen und in kleine Röschen teilen. In etwas Salzwasser ungefähr 7 Minuten bissfest garen. Die Tomaten waschen und halbieren. Den Knoblauch abziehen und in feine Scheiben schneiden.

2 Das Öl in einer großen, beschichteten Pfanne erhitzen. Knoblauch schälen, pressen und anschwitzen. Lachs, Brokkoli und Tomaten dazugeben und knusprig braten.

3 Den fertigen Reis abgießen und vorsichtig unter Lachs und Gemüse mischen. Die Zitrone waschen, die Schale abreiben und den Saft auspressen. Alles unter den Reis mischen. Mit Salz und Pfeffer abschmecken.

Nährwerte pro Person: 380 kcal, 19 g EW, 19 g F, 30 g KH, 2 g BST

BRATLINGE MIT KÄSE

1 Den Backofen auf 180 Grad vorheizen. Die Kartoffeln kochen, abkühlen lassen, grob reiben und in eine Schüssel geben. Die Schalotte abziehen und klein schneiden.

2 Die Bohnen und die Schalotte pürieren und zu den Kartoffeln geben. Emmentaler reiben und unterheben, Haferflocken und Semmelbrösel unterkneten. Die Eier aufschlagen, unter die Masse mischen, alles gut verkneten. Salzen und pfeffern.

3 Mit den Händen 12 kleine Bratlinge formen und auf ein mit Backpapier belegtes Blech legen. Die Bratlinge mit wenig Rapsöl bestreichen, im Ofen circa 25 Minuten knusprig backen. Mit Gurkensalat servieren.

Nährwerte pro Person: 325 kcal, 16 g EW, 14 g F, 32 g KH, 4 g BST

FÜR 4 PERSONEN

400 g mehlige Kartoffeln
1 Schalotte
1 Dose Kidneybohnen
100 g Emmentaler
50 g Haferflocken
50 g Semmelbrösel
2 Eier
Salz und Pfeffer
1 EL Rapsöl

20 Zubereitungszeit: 20 Minuten, Backzeit: 25 Minuten

GRÜNKOHL AUS DEM OFEN

FÜR 4 PERSONEN

ca. 400 g Grünkohl
4 EL Olivenöl
3 Orangen
200 g Mini-Mozzarella
1 EL Balsamico-Essig
Salz und Pfeffer

15 Zubereitungszeit: 15 Minuten, Backzeit: 8 Minuten

1 Grünkohl waschen, trocknen und vom Stiel schneiden. Die Blätter auf einem mit Backpapier belegten Blech ausbreiten und mit 2 EL Olivenöl mischen, etwas salzen und bei 200 Grad im vorgeheizten Ofen etwa 8 Minuten backen. Dann den fertigen Grünkohl auf einen großen Teller (oder eine Platte) geben.

2 Die Orangen schälen und filetieren oder, wenn es schnell gehen soll, in einzelne Spalten teilen und klein schneiden. Mozzarella abtropfen und mit den Orangen über den Grünkohl verteilen. Mit dem restlichen Öl und etwas Balsamico-Essig beträufeln. Mit Salz und Pfeffer würzen.

Nährwerte pro Person: 285 kcal, 12 g EW, 21 g F, 10 g KH, 4 g BST

GEMÜSE-HÄHNCHEN

FÜR 4 PERSONEN

600 g Hähnchenbrust
Salz
frisch gemahlener Pfeffer
2 Eier
50 g Mehl
200 g Möhren
400 g Süßkartoffeln
4 EL Rapsöl

15 Zubereitungszeit: 15 Minuten, Backzeit: 40 Minuten

1 Backofen auf 180 Grad (Umluft) vorheizen. Die Hähnchenbrust waschen, trocken tupfen und mit Salz und Pfeffer würzen.

2 Die Eier aufschlagen und in einem Teller verquirlen. Das Mehl in einen anderen Teller geben. Die Hähnchenbrust erst im Ei, dann im Mehl wenden.

3 Eine ofenfeste Form mit Backpapier auslegen, die Hähnchenbrust in die Form geben.

4 Das Gemüse schälen und mit einem Spiralschneider oder scharfen Messer in Spiralen oder Streifen schneiden. Dann mit dem Öl mischen, würzen und um die Hähnchenbrust verteilen. Alles etwa 40 Minuten im Ofen backen.

Nährwerte pro Person: 455 kcal, 42 g EW, 14 g F, 36 g KH, 5 g BST

WINTERFRÜCHTE-QUARK

Für 2 Personen

2 unbehandelte Orangen
2 unbehandelte Mandarinen
1 Vanilleschote
eventuell 1 EL Vanillepuddingpulver
250 g Speisequark (oder griechischer Joghurt)
eventuell Agavendicksaft

Zubereitungszeit:
15 Minuten

Baby & Familie TIPP

Fertige Fruchtjoghurts enthalten oft 13 g Zucker pro 100 g oder mehr – zu viel! Gesünder: Naturjoghurt mit saisonalen Früchten.

1 Die Orangen und Mandarinen mit einem sehr scharfen Messer filetieren: komplett schälen und das Fruchtfleisch aus den Häuten schneiden. Den Saft der Früchte auffangen. Die Orangen- und Mandarinenfilets mit dem Saft in einem Topf aufkochen.

2 Die Vanilleschote längs aufschneiden, das Mark herauskratzen und zu dem Obst geben. Alles circa 10 Minuten köcheln lassen. Sollte zu viel Saft austreten, mit 1 EL Vanillepuddingpulver abbinden. Quark oder Joghurt in kleine Schälchen verteilen (evtl. etwas Agavendicksaft unterrühren) und Kompott auf dem Quark anrichten. Lecker fruchtig!

Nährwerte pro Person: 240 kcal, 17 g EW, 7 g F, 23 g KH, 4 g BST

FEBRUAR

Möhren sind gewiss das beliebteste Wurzelgemüse, das uns das ganze Jahr über begleitet. Schon die Kleinsten lieben die süße Rübe im Brei oder zum Knabbern. Und: Sie bringen Farbe ins Essen und knackige Textur in Saucen, Salate und Gebackenes.

KNACKIG ODER WAS?

Der Biege-Test verrät's: Bricht die Möhre **knackend auseinander,** ist sie wunderbar frisch.

Baby Familie

TIPP

Bei der ersten Breizubereitung greifen Eltern meist zu Möhren. Der **milde süßliche Geschmack** scheint Babys zu überzeugen. Dazu **100 g Möhren waschen, schälen und würfeln, mit etwas Wasser gar dünsten und mit 1 EL Rapsöl pürieren.** Praktisch: für eine tägliche Kostprobe Miniportionen im Eiswürfelbehälter einfrieren.

GUT ZU WISSEN:

DIE MÖHREN

Knackig, saftig und süß – den leckeren Möhren können selbst Kinder nicht widerstehen

SOOO GESUND

Möhren liefern einen **hohen Anteil an Betacarotin,** einer Vorstufe von Vitamin A. Dieses Vitamin wiederum regt das Zellwachstum an und ist wichtig für Augen, Haut und Schleimhäute. Da Betacarotin fettlöslich ist, gilt: unter die Möhren etwas Fett mischen, damit es der Körper besser verwerten kann.

HEILMITTEL

Möhren stopfen – diese Wirkung inspirierte vor mehr als 110 Jahren den Heidelberger Kinderarzt Prof. Dr. Ernst Moro zu einem Hausmittel: die Morosche Möhrensuppe. Sie soll Kindern mit Magen-Darm-Infekt helfen und vor allem den Wasserverlust ausgleichen. Dazu 500 g geschälte Möhren in 1 l Wasser eine Stunde lang kochen, dann pürieren. Mit gekochtem Wasser wieder auf 1 l auffüllen, 3 g Kochsalz zugeben.

Learning French
Aunt Fanny's Cook Book
NEW CENTURY BOOK OF ETIQUETTE

BULGUR MIT HACKBÄLLCHEN

FÜR 4 PERSONEN

200 g Bulgur
600 ml Gemüsebrühe
400 g Rinderhack
1 Ei
1 Schalotte
1 altbackene Semmel
Salz und Pfeffer
250 g passierte Tomaten
50 g Sahne
1 EL Oregano
1 TL Zucker

Zubereitungszeit: 20 Minuten, Backzeit: 15 Minuten

1 Den Backofen auf 185 Grad vorheizen. Den Bulgur mit kochender Gemüsebrühe aufgießen und quellen lassen.

2 Rinderhack und Ei in eine Schüssel geben. Die Schalotte abziehen, fein reiben und dazugeben.

3 Die Semmel in Wasser einweichen, kurz ausdrücken und zum Fleisch hinzufügen. Alles gut vermischen und mit Salz und Pfeffer würzen. Anschließend die Masse zu kleinen Bällchen formen und auf ein mit Backpapier belegtes Blech legen. Im vorgeheizten Ofen 15 Minuten backen.

4 In der Zwischenzeit die Tomaten mit der Sahne in einem Topf erhitzen. Mit Oregano, Zucker, Salz und Pfeffer würzen.

5 Die Bällchen aus dem Ofen holen und in der Sauce weitere 5 Minuten mitkochen. Voilà: Bulgur mit Bällchensauce anrichten!

Nährwerte pro Person: 520 kcal, 29 g EW, 23 g F, 47 g KH, 6 g BST

MÖHREN-BOLOGNESE

FÜR 4 PERSONEN

1 Schalotte
400 g Möhren
2 EL Rapsöl
200 g Frischkäse
100 ml Milch
1 Bio-Zitrone
200 g Dinkel- oder Vollkorn-Spaghetti
Salz und Pfeffer
etwas Parmesan

25 Zubereitungszeit: 25 Minuten, Backzeit: 25 Minuten

1 Die Schalotte abziehen und fein würfeln. Die Möhren schälen und in sehr kleine Würfel schneiden. Das Öl in einer hohen Pfanne erhitzen, zuerst die Schalotte anschwitzen, dann die Möhren dazugeben und etwa 10 Minuten braten.

2 Den Frischkäse mit der Milch glatt rühren und unter die Möhren mischen.

3 Die Zitrone waschen, die Schale abreiben und den Saft auspressen. Die Sauce mit Zitronenschale und -saft würzen, mit Salz und Pfeffer würzen.

4 Die Spaghetti in Salzwasser nach Packungsangabe al dente kochen, abgießen und auf Tellern anrichten. Die Möhren-Bolognese darübergeben und nach Belieben mit Parmesan bestreuen.

Nährwerte pro Person: 335 kcal, 14 g EW, 10 g F, 42 g KH, 7 g BST

BUNTES RÜHREI MIT TOMATENBROT

1 Die Pilze (ohne Stiel) oder das Lieblingsgemüse putzen und in sehr kleine Würfel schneiden. Den Lauch waschen und in feine Ringe schneiden.

2 Das Öl in einer großen beschichteten Pfanne erhitzen. Das Gemüse knusprig anbraten.

3 Die Petersilie waschen, trocken schütteln und fein hacken, zur Seite stellen.

4 Die Eier zu dem Gemüse in die Pfanne schlagen. Die Sahne darüber verteilen. Die Eimasse etwas stocken lassen, bis das Eiweiß weiß wird. Erst jetzt das Ei mit einem Löffel verrühren. Es kann ruhig etwas gröber sein. Mit Salz und Pfeffer würzen.

5 Das Rührei auf Tellern verteilen. Das Tomatenmark in der Pfanne gut anrösten und auf die Brote streichen. Ganz easy und ganz lecker!

Nährwerte pro Person: 320 kcal, 16 g EW, 17 g F, 23 g KH, 6 g BST

FÜR 4 PERSONEN

200 g Pilze (Champignons oder Egerlinge, wer keine Pilze mag, nimmt Zucchini oder Paprika)
1 kleines Stück Lauch (ca. 4 cm)
2 EL Olivenöl
½ Bund Petersilie
6 Eier (Größe L)
50 g Sahne
Salz und Pfeffer
50 g Tomatenmark
4 Scheiben Roggenbrot

15 Zubereitungszeit: 15 Minuten

ZUCCHINI-MUFFINS

Für 12 Stück
1 große Zucchini
(ca. 300 g)
1 reife Banane
200 g Vollkornmehl
1 TL Backpulver
100 g brauner Zucker
75 g Rapsöl
1 TL Zimt
3 Eier
100 ml Milch
eventuell Puderzucker
zum Bestäuben

15 Zubereitungszeit: 15 Minuten, Backzeit: 40 Minuten

1 Den Backofen auf 175 Grad vorheizen. Die Zucchini waschen und grob raspeln. Zucchiniraspel und Banane in eine Schüssel füllen. Vollkornmehl, Backpulver, Zucker, Öl, Zimt, Eier und Milch dazugeben und alles mit dem Handrührgerät zu einem zähen Teig verrühren.

2 Eine Muffinform mit 12 Backpapierförmchen auslegen. Diese bis zum Rand mit Teig füllen und im Ofen circa 40 bis 45 Minuten backen. Muffins aus dem Ofen holen und abkühlen lassen. Vor dem Servieren eventuell mit Puderzucker bestäuben. Da Muffins die passende Größe für kleine Kinderhände haben, eignen sie sich perfekt für ein Faschingsfest oder auch mal für die Pausenbox. Auch kleine Geschwister können schon an den weichen Muffins knabbern.

Nährwerte pro Stück: 185 kcal, 4 g EW, 8 g F, 22 g KH, 1 g BST

REGENBOGEN-SMOOTHIE

1 Das Obst waschen, eventuell schälen und putzen.

2 Das Fruchtfleisch jeder Frucht einzeln mit jeweils 25 g Naturjoghurt und ½ TL Agavendicksaft pürieren.

3 Die bunten Fruchtcremes schichtweise in durchsichtige hohe Gläser füllen. Sieht toll aus und schmeckt herrlich frisch!

FÜR 6 GLÄSER À 150 ML

200 g Ananas
200 g Mango
200 g frische oder TK-Himbeeren
200 g frische oder TK-Waldbeeren
1 Banane
1 reife Avocado
125 g Naturjoghurt
3 TL Agavendicksaft

Zubereitungszeit: 30 Minuten

Nährwerte pro Glas: 105 kcal, 2 g EW, 1 g F, 18 g KH, 3 g BST

PIZZA-SCHNECKEN

1 Das Mehl in eine Schüssel sieben. Hefe in 200 ml lauwarmem Wasser auflösen. Mit Öl, Salz, Zucker mischen und unter das Mehl geben. Mit dem Knethaken des Handrührgeräts zu einem glatten Teig verarbeiten. Zugedeckt an einem warmen Ort 30 Minuten gehen lassen. Danach gut, aber sanft durchkneten und weitere 10 Minuten ruhen lassen. Den Backofen auf 180 Grad vorheizen.

2 Den Teig auf einer bemehlten Arbeitsfläche zu einer etwa 40 × 30 cm großen Fläche ausrollen. Ein Backblech mit Backpapier auslegen.

3 Die Tomaten mit Kräutern verrühren, mit Salz abschmecken. Den Teig damit bestreichen, einen zwei Zentimeter breiten Rand frei lassen. Die Füllung auf dem Teig verteilen. Zum Schluss mit Käse bestreuen. Mit der langen Seite gleichmäßig zu einer festen Rolle aufrollen. Diese mit einem scharfen Messer in dünne Scheiben (ungefähr 3 cm dick) schneiden. Die Schnecken auf dem Backpapier verteilen und im vorgheizten Ofen 12 bis 15 Minuten backen.

Nährwerte pro Stück: 115 kcal, 4 g EW, 3 g F, 16 g KH, 1 g BST

FÜR CA. 25 STÜCK

Für den Teig

500 g Mehl
½ Würfel Hefe
5 EL Olivenöl
1 TL Salz
1 TL Zucker

Für die Soße

100 g passierte Tomaten
1 EL italienische Kräuter
½ TL Salz

Für die Füllung

100 g Maiskörner
100 g Kochschinken oder Salami
1 EL schwarze, entkernte Oliven
100 g geriebener Mozzarella

20 Zubereitungszeit: 20 Minuten, Gehzeit: 40 Minuten, Backzeit: 15 Minuten

MÄRZ

Was wäre der Frühling und die Osterzeit ohne bunte Eier? In Regenbogenfarben auf dem Ostertisch, weich gequirlt im Omelette, hübsch aufgeschlagen als Spiegelei, luftig gerührt im Kuchen – ohne Eier geht fast nix!

WER GEWINNT: BRAUN ODER WEISS?

Die Antwort lautet: unentschieden! **Die Farbe der Schale beeinflusst weder Geschmack noch Qualität.** Und wer glaubt, Hühner mit braunen Federn legen auch braune Eier, irrt sich. Die Eierfarbe hängt von der Rasse ab: Hennen mit weißen Ohrscheiben legen weiße Eier und die mit roten Ohrscheiben legen braune Eier.

SO BLEIBT'S FRISCH

Die harte Eierschale besitzt **10 000 Poren** und ist luftdurchlässig. Damit Eier haltbar bleiben, sollten sie nicht abgewaschen werden. Sonst werden Keime ins Innere gespült.

GUT ZU WISSEN:

DAS EI

Diese kleinen Kraftpakete sind nicht nur vielseitig einsetzbar, sondern auch durchaus gesund!

Baby Familie

TIPP

Kinder zwischen ein und neun Jahren können ein **bis zwei Eier pro Woche** essen. Ausnahmen zu Ostern sind aber erlaubt. Schwangere passen darauf auf, dass sie keine rohen Eier verspeisen – wegen der Salmonellengefahr.

WER LEGT DAS KLEINSTE EI?

Ganz klar: Den Rekord hält die Bienenelfe, eine Kolibri-Art. Ihre Eier sind gerade mal erbsengroß. Die größten Eier stammen vom Strauß, sie wiegen fast **zwei Kilogramm** und damit so viel wie 24 Hühnereier.

GESÜNDER ALS GEDACHT

Eier haben eine hohe Nährstoffdichte. Das Eiweiß wird fast vollständig in menschliches Eiweiß umgebaut. Zudem enthalten Eier **Vitamin A, B und D, Biotin, Niacin, Folsäure, Selen und Zink**. Und das Cholesterin? Der gesunde Körper reduziert die Cholesterinproduktion, sobald davon viel im Darm ankommt. Überschüssiges Cholesterin wird ausgeschieden.

AUBERGINEN-COOKIES

FÜR 4 PERSONEN

150 g kernige Haferflocken
1 Aubergine (ca. 200 g)
6 EL Olivenöl
2 Eier
1 EL schwarzer Sesam
200 g Feta (zerbröckelt)
1 EL frische, gehackte Petersilie
Salz und Pfeffer
50 g Semmelbrösel

20 Zubereitungszeit: 20 Minuten

1 Haferflocken in eine Schüssel geben. Aubergine waschen, putzen, grob raspeln und in 2 EL Olivenöl anbraten. Aubergine zu den Haferflocken geben. Mit Eiern, Sesam und Feta verkneten. Die Masse mit Petersilie, Salz und Pfeffer abschmecken.

2 Etwa tischtennisballgroße Kugeln daraus formen, etwas flach drücken und in Semmelbröseln wälzen.

3 Das restliche Öl in einer Pfanne erhitzen und die Cookies von beiden Seiten goldgelb braten. Dazu schmeckt ein frischer Feldsalat.

Nährwerte pro Person: 520 kcal, 18 g EW, 34 g F, 34 g KH, 5 g BST

PASTA MIT ERBSENCREME

1 Die Nudeln nach Packungsangabe in Salzwasser bissfest garen.

2 Die Schalotte abziehen und sehr fein hacken. Öl in einem kleinen Topf erhitzen und die Schalotte darin kurz anschwitzen. Die Erbsen dazugeben. Mit Brühe und Milch aufgießen.

3 Das Mehl mit vier Esslöffeln heißer Sauce glatt rühren und langsam unter die Erbsensauce rühren. Einmal aufkochen lassen, damit die Flüssigkeit etwas andickt. Mit Salz und Pfeffer abschmecken.

4 Die gekochten Nudeln abgießen und auf Tellern anrichten. Je einen Schöpfer Erbsencreme über die Nudeln geben und mit Parmesan bestreuen. Voilà!

Nährwerte pro Portion: 515 kcal, 23 g EW, 16 g F, 66 g KH, 7 g BST

FÜR 4 PERSONEN

300 g Fusilli
1 Schalotte
2 EL Rapsöl
200 g TK-Erbsen
100 ml Brühe
200 ml Milch
2 EL Mehl
Salz und Pfeffer
100 g geriebener Parmesan

20 Zubereitungszeit: 20 Minuten

COUSCOUSSALAT MIT GRILLGEMÜSE

FÜR 4 PERSONEN

200 g Couscous
150 g Zucchini
1 Handvoll schwarze Oliven ohne Kern
50 g getrocknete Tomaten in Öl
4 EL Olivenöl
2 Bio-Zitronen
Salz und Pfeffer

Für den Dip

200 g saure Sahne
1 EL Tandoori-Pulver

Zubereitungszeit: 25 Minuten

1 Couscous in Salzwasser nach Packungsangabe kurz aufkochen und quellen lassen.

2 Die Zucchini waschen, die Enden entfernen und die Zucchini würfeln. Die Oliven halbieren, die getrockneten Tomaten klein schneiden. 2 EL Öl in einer Pfanne erhitzen. Zucchiniwürfel, Oliven und Tomaten darin anbraten.

3 Die Zitronen waschen, die Schale mit einer feinen Reibe abreiben, den Saft auspressen.

4 Den Couscous mit dem Gemüse, dem Zitronenabrieb und -saft sowie dem restlichen Olivenöl mischen. Mit Salz und Pfeffer abschmecken.

5 Für den Dip saure Sahne und Tandoori-Pulver mischen, fertig.

Nährwerte pro Portion: 425 kcal, 9 g EW, 23 g F, 41 g KH, 5 g BST

Zubereitungszeit:
15 Minuten

EI IM GLAS MIT SCHINKEN UND KRESSE

Für 4 Personen

- 6 Eier
- 4 Scheiben Putenschinken
- 1 Kästchen Kresse
- 50 g geriebener Gouda
- Salz und Pfeffer

1 Vier Eier in circa 6 Minuten weich kochen. Für die Kinder die übrigen 2 Eier weitere 3 Minuten hart kochen. In der Zwischenzeit den Schinken klein würfeln und ohne Öl kurz anbraten.

2 Die Kresse waschen, das Grün abschneiden. Die Eier abschrecken, pellen und für die Erwachsenen je zwei, für die Kinder je ein Ei in Gläser verteilen.

3 Wer mag, kann die Eier ein bisschen zerstoßen, sodass das flüssige Eigelb herausläuft. Schinkenwürfel, Käse und Kresse darüberstreuen, mit Salz und Pfeffer würzen.

Nährwerte pro Portion: 175 kcal, 16 g EW, 12 g F, 2 g KH, 0 g BST

ENERGIE-KNUSPERRIEGEL

FÜR CA. 20 RIEGEL

3 reife Bananen
100 g getrocknete Datteln
200 g gepuffter Quinoa
200 g Haferflocken
10 g geschmolzene Butter
2 Eier
30 g Agavendicksaft

Zubereitungszeit: 10 Minuten, Backzeit: 30 Minuten

1 Den Backofen auf 160 Grad vorheizen. Die Bananen schälen und pürieren. Die Datteln sehr fein würfeln und mit allen anderen Zutaten in einer Schüssel gut vermischen. Die pürierten Bananen unterheben. Es soll ein klebriger Teig entstehen.

2 Ein Backblech mit Backpapier belegen. Den Teig auf dem Backblech verteilen und gut festdrücken. Die Masse im Ofen (Mitte, Umluft) etwa 30 Minuten goldbraun backen. Das Blech aus dem Ofen holen, und die Masse noch warm in Riegel schneiden.

Nährwerte pro Stück: 125 kcal, 3 g EW, 2 g F, 21 g KH, 2 g BST

APRIL

Es gibt kaum ein Gemüse, das so fruchtig-frisch, süß und nach ersten Sonnenstrahlen schmeckt wie der Rhabarber. Fast wie gemalt sehen die langen Stangen aus und der Geschmack ist Frühling pur. Als Saft, im Kuchen und Kompott – einfach himmlisch.

Baby Familie

GUT FÜR UNS

Das Gemüse strotzt vor Nährstoffen wie **Kalzium, Magnesium, Eisen, Kalium**. Außerdem kurbelt der enthaltene Ballaststoff Pektin die **Verdauung** an.

ROH IST NO-GO

Den Rhabarber roh zu essen ist nicht empfehlenswert. Er enthält dann sehr viel Oxalsäure, die sich mit Kalzium verbindet, das der Körper dann nur eingeschränkt aufnimmt. Also: **erst schälen und kochen, dann genießen!**

GUT ZU WISSEN:

DER RHABARBER

Ab ins Beet! Die sauren Stangen stecken voller Nährstoffe und überzeugen mit ihrer Vielfalt

AUF DIE FARBE KOMMT'S AN

Beim Rhabarber macht die Farbe tatsächlich den Geschmack: Wer es **milder mag**, greift zu den **roten** Stangen. Je **grüner** der Rhabarber, desto höher ist der Oxalgehalt und umso **saurer** schmeckt er.

WEIT GEREIST

Der Rhabarber stammt aus China. Wie er im 18. Jahrhundert zu uns kam, erklärt der wissenschaftliche Name „Rheum rhabarbarum". **Rheum steht für den Fluss Wolga** (altgriechisch: Rhâ). **Barbarus bedeutet ausländisch, fremd.** Vermutlich wurden die sauren Stangen über die Wolga nach Griechenland gebracht, von dort nach Holland, England und Deutschland.

HÄHNCHENBRUST MIT GRATIN

FÜR 4 PERSONEN

600 g geschälte Kartoffeln (festkochend)
300 ml Milch (1,5 % Fett)
100 ml Brühe
Salz
frisch gemahlener Pfeffer
200 g geriebener Edamer
2 Hähnchenbrüste à 200 g
2 Stängel frischer Thymian
4 Scheiben von 1 Bio-Zitrone
3 EL Rapsöl

Zubereitungszeit: 25 Minuten, Backzeit: 40 Minuten

1 Die Kartoffeln in sehr feine Scheiben schneiden. Milch und Brühe mischen, mit Pfeffer und wenig Salz abschmecken. Die Hälfte der Kartoffeln in einer ofenfesten Form verteilen, die Hälfte des Käses auf die Kartoffeln streuen. Die übrigen Kartoffeln darüberschichten, die Milchmischung darübergeben, mit dem Rest Käse bestreuen. Bei 185 Grad (Mitte, Umluft) etwa 50 Minuten backen.

2 Die Hähnchenbrust waschen, trocken tupfen, der Hälfte nach quer bis zur Mitte einschneiden. Je 1 Stängel Thymian und zwei Zitronenscheiben hineinlegen, fest zudrücken. Das Fleisch von außen salzen und pfeffern. Öl in einer Pfanne erhitzen, Fleisch von beiden Seiten circa 4 Minuten scharf anbraten, in einer ofenfesten Form die letzten 20 Minuten mit dem Gratin backen.

Nährwerte pro Person: 330 kcal, 30 g EW, 12 g F, 22 g KH, 2 g BST

MÖHRENSUPPE MIT CROÛTONS

FÜR 4 PERSONEN

500 g Möhren
200 g Kartoffeln
1 Bund Suppengrün
50 g Sahne
½ Bund Schnittlauch
2 Scheiben Brot
1 EL Rapsöl
1 EL Butter
Salz
frisch gemahlener Pfeffer

Zubereitungszeit: 20 Minuten

1 Möhren und Kartoffeln waschen und schälen, das Suppengrün putzen. Alles in kleine Stücke schneiden. Das Gemüse in einem Topf mit etwa 500 ml Wasser zum Kochen bringen. Sobald das Gemüse weich ist, die Sahne unterrühren und alles fein pürieren. Mit Salz und Pfeffer abschmecken. Die Suppe bei kleiner Hitze warm halten.

2 Schnittlauch waschen und in Röllchen schneiden, das Brot klein würfeln. Das Öl mit der Butter in einer Pfanne schmelzen. Schnittlauch dazugeben und die Brotwürfel in der Schnittlauchbutter rösten. Die Suppe in tiefen Tellern anrichten und mit den Knusperwürfeln bestreuen.

Nährwerte pro Portion: 230 kcal, 5 g EW, 9 g F, 27 g KH, 8 g BST

LAMM MIT MINI-KARTOFFELN

1 Den Ofen auf 220 Grad vorheizen. Lamm salzen und pfeffern. Knoblauch abziehen und in feine Scheiben schneiden. Drillinge waschen und nebeneinander auf ein Backblech legen. Mit Öl dünn einreiben (am besten mit eingeölten Händen – so legt sich ein feiner Film um die Kartoffeln, und Sie sparen Fett). Dann die Kartoffeln mit Meersalz würzen, Rosmarin darüberlegen und im Ofen (Ober-/Unterhitze) etwa 40 bis 45 Minuten knusprig backen. Ab und zu durchmischen.

2 In der Zwischenzeit etwas Olivenöl in einer Grillpfanne erhitzen. Das Lamm von allen Seiten scharf anbraten und bei niedriger Hitze circa 10 Minuten rosa braten. Lammkoteletts nur etwa 2 Minuten von beiden Seiten braten. Danach das Lammfleisch in Alufolie fest einwickeln und zur Seite legen.

3 Den Spinat waschen, noch feucht in der Pfanne, in der das Lamm gebraten wurde, anschmoren lassen und mit Salz und Pfeffer abschmecken. Lamm in feine Scheiben schneiden und mit den Kartöffelchen und dem Spinat anrichten.

Nährwerte pro Portion: 305 kcal, 30 g EW, 11 g F, 19 g KH, 3 g BST

FÜR 4 PERSONEN

500 g Lammfilet (auch Lammkoteletts oder -schulter möglich)
etwas Meersalz
frisch gemahlener Pfeffer
1 Knoblauchzehe
600 g Drillinge (die Kartoffeln sind auch mit Schale lecker)
2 Stängel Rosmarin
2 EL Olivenöl
300 g frischer junger Blattspinat

15 Zubereitungszeit: 15 Minuten, Backzeit: 45 Minuten

MÖHREN-CRUMBLE AN SALAT

Für 4 Personen
500 g junge Möhren
1 Schalotte
1 TL Butter
Salz
frisch gemahlener Pfeffer
100 g Vollkornmehl
75 g kalte Butter in Flöckchen
75 g Gouda (frisch gerieben)

20 Zubereitungszeit:
20 Minuten, Backzeit:
25 Minuten

1 Die Möhren schälen und in sehr kleine Würfel schneiden. Die Schalotte abziehen und fein würfeln. Möhrchen und Zwiebelwürfel in einer Pfanne in 1 TL Butter etwa 5 Minuten bei mittlerer Hitze anbraten. Mit Salz und Pfeffer abschmecken.

2 Möhren in eine kleine Auflaufform geben. Mehl, Butterflöckchen und Käse in einer Schüssel mit den Fingern zu Krümeln verkneten. Die Mischung auf den Möhren verteilen. Den Crumble im Ofen (Mitte, Ober-/ Unterhitze) bei 175 Grad circa 25 Minuten backen. Mit einem bunten Salat servieren.

Nährwerte pro Portion: 330 kcal, 8 g EW, 22 g F, 22 g KH, 6 g BST

REGENBOGEN-SCHICHTCREME

FÜR 4 GLÄSER

200 g Speisequark
200 g Naturjoghurt
2 EL Agavendicksaft oder Ahornsirup
je 150 g Rhabarber, Mango und Blaubeeren

15 Zubereitungszeit: 15 Minuten

1 Quark mit Joghurt und Agavendicksaft verrühren und beiseitestellen.

2 Rhabarber schälen und in kleine Würfel schneiden. Mit 100 ml Wasser etwa 10 Minuten dünsten. Wasser abgießen, Rhabarber pürieren. Mango schälen und das Fruchtfleisch separat pürieren. Blaubeeren waschen und trocknen.

3 In vier Gläser je abwechselnd mit einem Esslöffel Mangomus, Quark-Joghurt-Mix, Rhabarbermus, Quark-Joghurt-Mix schichten. Zum Schluss mit Blaubeeren verzieren.

Nährwerte pro Glas: 160 kcal, 9 g EW, 5 g F, 17 g KH, 3 g BST

MAI

Lecker, süß, saftig, hübsch und fruchtig – das sind Erdbeeren. Kaum eine Beere lieben Kleine und Große so sehr wie diese knallroten Früchtchen. Im Sommer einen Erdbeer-Smoothie zum Abendbrot – die schönste Kindheitserinnerung!

VIELFÄLTIG

Heute gibt es **über 1000** Erdbeersorten. Manche Pflanzen tragen sogar bis Oktober Früchte.

DIE BEERE IST EINE NUSS

Biologisch betrachtet jedenfalls. Die Erdbeere gehört zu den sogenannten Sammelnussfrüchten. Die rote Beere, die wir so vergöttern, ist nur eine **Scheinfrucht**. Die eigentlichen Früchte sind die kleinen grünen oder orangefarbenen Körnchen auf der Oberfläche.

SO BELIEBT

3400 Gramm Erdbeeren futtern die Deutschen jedes Jahr. Damit rangiert die Frucht auf **Platz fünf** der beliebtesten Obstsorten – hinter Äpfeln, Bananen, Weintrauben und Pfirsichen.

GUT ZU WISSEN:

DIE ERDBEERE

Frisch gepflückt in den Mund – so lieben wir Erdbeeren. Ihr Erntestart läutet den Sommer ein

Baby Familie

TIPP

In 150 Gramm Erdbeeren stecken stolze **82 Milligramm Vitamin C**. Zudem enthalten sie **Vitamin K und B1** sowie **Zink, Kupfer und Mangan**. Schwangere profitieren vom **hohen Folsäuregehalt**, der für Zellteilungs- und Wachstumsprozesse wichtig ist. Die Powerfrüchte überzeugen außerdem als Schlankmacher: 100 Gramm enthalten nur circa **32 Kilokalorien**. Zu viel genascht? Das könnte sich rächen: Erdbeeren wirken abführend.

SCHÖN GEWACHSEN

Schon unsere Vorfahren in der Steinzeit liebten Erdbeeren. Sie sammelten die Früchte, dic damals kaum größer als ein **Centstück** waren, im Wald. Im Mittelalter wurden die Beeren dann schon auf Feldern angebaut, die kleinfruchtige Variante unserer **heutigen großfruchtigen Gartenerdbeere**. Erstmals nach Deutschland, an den Hof Georgs II. nach Hannover, kam die Erdbeere Ende des 17. Jahrhunderts.

Baby Familie

TIPP

Doppelt so viel Teig zubereiten. Die angebackenen Brötchen in Frischhaltefolie einwickeln, dann einfrieren. Stückweise auftauen und aufbacken!

-25- Zubereitungszeit: 25 Minuten, Backzeit: 15 Minuten

GETUPFTE LIEBLINGSBRÖTCHEN

Für ca. 20 Stück

250 g Speisequark
2 Eier
6 EL Milch
6 EL Rapsöl
50 g Agavendicksaft
½ TL Salz
abgeriebene Schale von 1 Bio-Zitrone
500 g Dinkelmehl
je 1 kleine Handvoll getrocknete Cranberrys, Aprikosen und Kirschen
1 Päckchen Backpulver
1 EL Rapsöl für die Hände

1 Quark, Eier, Milch, Rapsöl, Agavendicksaft, Salz und die abgeriebene Zitronenschale in eine Schüssel geben und mit dem Mixer gut verquirlen. Dann die Früchte in sehr kleine Würfel schneiden. Anschließend das Mehl, die Früchte und das Backpulver unterrühren, bis ein dicker, klebriger Teig entsteht.

2 Ofen auf 200 Grad (Umluft 180 Grad) vorheizen. Das Blech mit Backpapier belegen. Mit eingeölten Handflächen kleine Brötchen formen und daraufsetzen. Die Brötchen circa 15 bis 20 Minuten backen.

Nährwerte pro Stück: 160 kcal, 6 g EW, 5 g F, 22 g KH, 1 g BST

BUNTE TORTILLA MIT GEMÜSE

FÜR 4 PERSONEN

600 g Kartoffeln
1 rote Paprika
1–2 EL Olivenöl
100 g TK-Erbsen
4 Eier
100 ml Milch
100 g Sahne
200 g geriebener Gouda
Salz
frisch gemahlener Pfeffer

Zubereitungszeit: 20 Minuten

1 Die Kartoffeln schälen und in kleine Würfel schneiden und circa 5 Minuten im Wasser kochen. Kartoffeln abgießen und in eine Schüssel geben. Die Paprika waschen, putzen und in kleine Würfel schneiden. Öl in einer beschichteten Pfanne erhitzen und die Kartoffel- und Paprikawürfel kurz anbraten. Erbsen dazugeben.

2 Die Eier in einer Schüssel aufschlagen und mit Milch, Sahne und Käse verrühren – mit Salz und Pfeffer abschmecken. Die Ei-Mischung über das Gemüse in die Pfanne gießen und etwa 5 Minuten stocken lassen. Vorsichtig umdrehen und die andere Seite in der Pfanne ausbacken.

3 Tortilla auf einen Teller gleiten lassen und in Streifen schneiden. Schmeckt noch frischer mit einem knackigen Salat.

Nährwerte pro Person: 505 kcal, 23 g EW, 33 g F, 26 g KH, 4 g BST

GEMÜSE-CHIPS MIT KETCHUP-DIP

FÜR 4 PERSONEN

100 g Kartoffeln
100 g Möhren
100 g Rote Bete
100 g Pastinake
4 EL Rapsöl
Salz

Für den Dip

100 g griechischer Joghurt
4 EL Tomatenmark
1 EL Agavendicksaft
2 EL Apfelsaft

30 Zubereitungszeit: 30 Minuten, Backzeit: 30 Minuten

1 Backofen auf 220 Grad vorheizen. Das Gemüse waschen, gründlich trocken reiben, schälen und in sehr dünne Scheiben schneiden. Die Scheiben in eine Schale legen und Rapsöl dazugeben. Mit den Händen durchmischen. Mit Salz würzen. Zwei Backbleche mit Backpapier belegen. Die Gemüsescheiben so gut es geht einzeln nebeneinander auf dem Backpapier verteilen. Die Temperatur auf 200 Grad herunterstellen und die Chips im Ofen etwa 30 Minuten knusprig backen.

2 In der Zwischenzeit den Joghurt mit dem Tomatenmark, Agavendicksaft und Apfelsaft cremig rühren. Mit etwas Salz abschmecken.

3 Die Chips aus dem Ofen holen und abkühlen lassen. Mit dem Dip der perfekte Knusper-Snack.

Nährwerte pro Person: 185 kcal, 2 g EW, 13 g F, 14 g KH, 2 g BST

LIEBLINGS-KARTOFFELN

FÜR 4 PERSONEN

400 g Drillinge
4 EL Olivenöl
200 g saure Sahne
Salz und Pfeffer

15 Zubereitungszeit: 15 Minuten, Backzeit: 45 Minuten

1 Den Backofen auf 200 Grad vorheizen. Die Drillinge waschen und trocken reiben. Mit einem scharfen Messer bis zur Hälfte fächerartig einschneiden. Die Kartoffeln in eine Schüssel geben und mit dem Öl von allen Seiten einreiben. Mit etwas Salz würzen. Die Kartoffeln in eine Auflaufform geben und im Ofen (Ober-/Unterhitze) in etwa 45 Minuten knusprig backen.

2 Die saure Sahne mit etwas Salz und Pfeffer abschmecken und zu den Kartoffeln servieren. Wer mag, alles mit etwas Schnittlauch garnieren.

Nährwerte pro Person: 240 kcal, 3 g EW, 19 g F, 14 g KH, 1 g BST

SÜSSES PAPRIKA-PESTO AUF TOAST

FÜR 4 PERSONEN

100 g Kirschtomaten
je 2 gelbe und rote Paprika
ca. 100 ml Olivenöl
200 g Parmesan
1 Bio-Zitrone
1 TL Agavendicksaft
1–2 Knoblauchzehen
Salz und Pfeffer
4 Scheiben Vollkorntoast

Zubereitungszeit: 25 Minuten

1 Die Tomaten waschen. Paprika waschen, den Strunk und das Kerngehäuse entfernen und die Paprika klein schneiden. Etwa 2 EL Olivenöl in einer beschichteten Pfanne erhitzen. Die Paprika circa 10 Minuten darin braten. Die Tomaten dazugeben. Parmesan reiben und beiseitestellen.

2 Die Zitrone waschen, die Schale abreiben und den Saft auspressen. Das gebratene Gemüse in ein hohes Gefäß geben. Restliches Olivenöl, Zitronensaft und -abrieb, Agavendicksaft, geschälten Knoblauch und geriebenen Parmesan dazugeben.

3 Alles mit dem Pürierstab zu einem cremigen Pesto pürieren. Mit Salz und Pfeffer würzen. Brotscheiben toasten und anschließend mit dem Paprika-Pesto bestreichen.

Nährwerte pro Person: 540 kcal, 20 g EW, 42 g F, 19 g KH, 5 g BST

SOMMER-SMOOTHIE MIT ERDBEEREN

FÜR 4 PERSONEN

500 g Erdbeeren
1 Banane
200 ml Vollmilch (oder Mandelmilch)

Wer mag

6 Blätter Minze oder
6 EL kleinblättrige Haferflocken

Zubereitungszeit: 5 Minuten

1 Erdbeeren waschen und putzen. Banane schälen und klein schneiden. Erdbeeren, Banane, Milch und 100 ml Wasser in einen Mixer geben und fein pürieren.

2 Den Smoothie in Gläser füllen und eiskalt genießen. Für den Frische-Kick: ein paar Minzblätter rein! Noch satter macht der Smoothie, wenn Sie 6 EL kleinblättrige Haferflocken unterrühren.

Nährwerte pro Person: 100 kcal, 14 g EW, 2 g F, 14 g KH, 3 g BST

JUNI

Diese kleinen unschuldigen Früchtchen stecken voll gesundem Eisen, Vitaminen und Antioxidantien. Ganz frisch vom Busch gepflückt oder aus dem Schälchen genascht versorgen wir uns und unseren Körper auf köstlichste Weise mit wertvollen Inhaltsstoffen.

ROSAROTE DIVA

Zwei bis drei Tage halten frische Himbeeren im Kühlschrank. Sie lassen sich aber auch in einer Box einfrieren. Wichtig ist, dass sie vorher möglichst nicht mit den Fingern angedrückt werden.

SIE TUT GUT

Die Sommerbeere besitzt reichlich gesunde Inhaltsstoffe: **sekundäre Pflanzenstoffe stecken drin, auch Vitamin C und B-Vitamine**, die zum Beispiel die Konzentration verbessern.

ECHT WAHR

Botanisch gesehen sind Himbeeren im Gegensatz zu Johannis- oder Heidelbeeren keine echten Beeren, sondern **Sammelsteinfrüchte**. Man zählt sie auch zur Familie der Rosengewächse, viele Sorten haben feine Dornen.

GUT ZU WISSEN:

DIE HIMBEERE

Samtig weich und saftig süß zergeht die Himbeere auf der Zunge – himmlisch!

Baby Familie

TIPP

Wer seinem Baby Himbeeren zu naschen geben möchte, sollte bis zum **vollendeten sechsten Monat** warten. Die Früchte kurz waschen und püriert durch ein Sieb streichen.

GENUSS IN SCHWARZ-ROT-GOLD

Es muss nicht immer dunkelrot sein: Himbeeren gibt es auch in anderen Farben. Zu den **gelben Sorten** zählt beispielsweise die Golden Queen, die man von Juli bis in den Spätherbst ernten kann. **Schwarze Himbeeren** wie die Black Jewel stammen aus Nordamerika und erinnern an Brombeeren. Kenner halten allerdings den **roten Sorten** die Treue, da sie geschmacksintensiver sind. Besonders große Früchte tragen beispielsweise die Sorten Glen Ample und Tulameen. Sie sind leicht pflückbar und nahezu dornenlos, also ideal für Kinder.

KÖTTBULLAR MIT KARTOFFELBREI

FÜR 4 PERSONEN

500 g Rinderhack
1 kleine Zwiebel
100 g Semmelbrösel
5 EL Sahne
1 Ei
Salz und Pfeffer
2 EL Sonnenblumenöl

Für den Kartoffelbrei

700 g mehlige Kartoffeln
Salz
250 ml Milch
5 EL Butter

Zubereitungszeit: 50 Minuten, inkl. Koch- und Bratzeit

1 Das Hackfleisch in eine Schüssel geben. Die Zwiebel schälen, fein reiben, zum Fleisch geben. Semmelbrösel, Sahne und Ei hinzufügen. Alles zu einem Teig kneten, mit Salz und Pfeffer würzen. Aus dem Fleischteig Bällchen formen. Diese im Öl von allen Seiten braten und im Ofen bei 70 Grad warm stellen.

2 Die Kartoffeln schälen, vierteln und im Salzwasser weich kochen. Das Wasser abgießen. Die Milch und die Butter zu den Kartoffeln geben, bei mittlerer Hitze erwärmen. Mit dem Stampfer oder einer Presse zu einem cremigen Brei verarbeiten. Mit etwas Salz abschmecken.

3 Kartoffelbrei und Fleischbällchen auf Tellern anrichten. Wer mag, mit Preiselbeeren servieren.

Nährwerte pro Person: 695 kcal, 35 g EW, 41 g F, 45 g KH, 3 g BST

REIS-ZUCCHINI-PUFFER

1 Reis in eine Schüssel füllen. Zucchini waschen, die Enden entfernen. Zucchini fein raspeln und zum Reis geben. Mozzarella mit dem Zucchini-Reis und den Eiern verkneten. Mit Salz und Pfeffer abschmecken.

2 Rapsöl in einer Pfanne erhitzen. Aus dem Teig kleine Puffer formen und im Öl von beiden Seiten knusprig braten.

3 Die Tomaten waschen, das Olivenöl in einer anderen Pfanne erhitzen, die Tomaten von allen Seiten braten, bis sie etwas aufplatzen. Mit Zucker und 1 Prise Salz würzen.

4 Warme Tomaten mit den Puffern anrichten und einen Klecks saure Sahne daraufgeben.

Nährwerte pro Person: 410 kcal, 12 g EW, 28 g F, 27 g KH, 2 g BST

FÜR 4 PERSONEN

300 g gekochter Reis (Basmatireis vom Vortag lässt sich super kneten)
1 Zucchini (ca. 300 g)
100 g geriebener Mozzarella
2 Eier
Salz und Pfeffer
4 EL Rapsöl
300 g Kirschtomaten
2 EL Olivenöl
1 TL Zucker
4 EL saure Sahne

20 Zubereitungszeit: 20 Minuten

ROHKOST-STICKS MIT DIPS

FÜR 4 PERSONEN

2 Möhren
½ Gurke
1 rote und 1 gelbe Paprika
1 Kohlrabi
½ Fenchelknolle

Für die Dips

200 g saure Sahne oder Naturjoghurt
2 EL Tomatenmark (ersatzweise Ketchup)
1 Msp. Paprikapulver
4 TL Agavendicksaft
200 g Hüttenkäse
Abrieb von 1 Bio-Zitrone
½ Bund Schnittlauch
eventuell 1 Msp. mildes Currypulver
Salz und Pfeffer

Zubereitungszeit: 20 Minuten

1 Gemüse schälen, putzen und in feine Streifen oder Ringe schneiden. Das Gemüse auf einer großen Platte bunt anrichten.

2 Aus saure Sahne, Tomatenmark, Paprikapulver und 2 TL Agavendicksaft einen cremigen Dip rühren. Mit Salz und wenig Pfeffer abschmecken.

3 Für den zweiten Dip Hüttenkäse mit Zitronenabrieb mischen. Schnittlauch waschen, in Röllchen schneiden und dazugeben, 2 TL Agavendicksaft einrühren, mit Salz und Pfeffer abschmecken. Wer mag, Curry unterrühren.

Nährwerte pro Person: 230 kcal, 10 g EW, 12 g F, 18 g KH, 4 g BST

PICKNICK-SANDWICH

FÜR 2 SANDWICHES

1 reife Avocado
Saft und Abrieb von
½ Zitrone
½ rote Spitzpaprika oder
6 kleine Kirschtomaten
Salz
frisch gemahlener Pfeffer
½ zerdrückte Knoblauchzehe nach Belieben
4 Scheiben Roggenbrot
1 EL gerösteter Sesam

Zubereitungszeit: 10 Minuten

1 Avocado schälen und entkernen. Das Fruchtfleisch mit Saft und Abrieb der Zitrone mit einer Gabel zerdrücken. Paprika waschen, putzen und in kleine Würfel schneiden. Avocadomus mit Paprika mischen.

2 Alternativ statt Paprika die Tomaten waschen, klein schneiden und dazugeben. Mit Salz und Pfeffer abschmecken. Wer mag, mit frischem Knoblauch würzen. Je eine Scheibe Brot mit Avocadomus bestreichen. Etwas Sesam auf die Brote streuen und mit der anderen Hälfte zuklappen. Auch super fürs Picknick!

Nährwerte pro Stück: 355 kcal, 8 g EW, 13 g F, 45 g KH, 12 g BST

Zubereitungszeit:
10 Minuten

CRÊPES MIT HIMBEEREN

Für 8 Stück

2 Tassen Mehl
3 Tassen Milch
3 Eier
50 g geschmolzene Butter
Salz
200 g frische Himbeeren
1 EL Puderzucker

1 Mehl, Milch und Eier verquirlen. Die flüssige Butter langsam in den Teig fließen lassen. 1 Prise Salz dazugeben und den Teig klumpenfrei rühren. Eine beschichtete Pfanne auf mittlerer Stufe erhitzen. Einen Schöpflöffel Teig in die Pfanne geben und von beiden Seiten dünne Crêpes ausbacken. Die Crêpes auf einem Teller stapeln, bis der ganze Teig verarbeitet ist.

2 Für das Topping die Himbeeren mit Puderzucker in einen Mixer geben und mischen, bis sie cremig sind. Die Crêpes mit der Himbeercreme füllen, aufrollen oder zusammenklappen. Bon appétit!

Nährwerte pro Stück: 240 kcal, 8 g EW, 10 g F, 28 g KH, 2 g BST

ZIMTSCHNECKEN

FÜR CA. 20 STÜCK

500 g Dinkelmehl
250 ml Milch
200 g Butter
100 g Zucker
1 Würfel frische Hefe (42 g)
1 TL gemahlener Kardamom
ca. 100 g Zimtzucker (Mischverhältnis nach Geschmack)
1 Ei

30 Zubereitungszeit: 30 Minuten, Gehzeit: 30 Minuten, Backzeit: 20 Minuten

1 Das Mehl in eine große Schüssel geben. Die Milch in einem kleinen Topf erwärmen, 100 g Butter dazugeben und schmelzen. Die Milch lauwarm abkühlen lassen. Den Zucker in 5 EL lauwarmem Wasser auflösen und die Hefe hineinbröckeln, die Mischung zur Milch geben, Kardamom hinzugeben und alles mit dem Knethaken unter das Mehl mischen. Den Teig gut durchkneten, mit einem Tuch abdecken und an einem warmen Ort etwa 30 Minuten gehen lassen.

2 In der Zwischenzeit die restliche Butter weich werden lassen. Den Teig auf der bemehlten Arbeitsfläche zu einem großen Rechteck (circa 30 × 20 cm) ausrollen. Den Teig mit der Butter wie ein Butterbrot bestreichen. Den Zimtzucker gleichmäßig dünn auf der Butter verteilen.

3 Den Teig von der langen Seite her aufrollen. Mit einem scharfen Messer etwa 3 cm dicke Schnecken abschneiden und auf das Backblech legen. Backofen auf 175 Grad vorheizen. Das Ei verschlagen, die Schnecken mit etwas Ei bestreichen. Die Zimtschnecken im Ofen (Mitte, Umluft) in circa 20 Minuten goldbraun backen.

Nährwerte pro Stück: 220 kcal, 5 g EW, 9 g F, 29 g KH, 1 g BST

JULI

Erbsen pulen aus frischen Erbsenschoten: das Schönste für kleine Schleckermäulchen. Einfach der Länge nach aufbrechen und die rohen frischen Kügelchen im Mund zergehen lassen. Geduld und Fingergeschick sind hier gefragt – Spaß garantiert!

FARBENPRACHT

Nach zehn Minuten in kochendem Salzwasser sind die Erbsen gar. Mit einer Prise Zucker im Kochwasser **bleiben sie leuchtend grün.**

KÖNIGLICHER GOURMET

Getrocknet verarbeitet galten Erbsen früher als **Armenspeise**. Das änderte sich im 17. Jahrhundert durch König Ludwig XIV. Der französische „Sonnenkönig“ war so verrückt nach den zarten grünen Kugeln, dass er sie in Gewächshäusern in Versailles anbauen ließ. So wurde die frische Erbse **in Adelskreisen zur Delikatesse.**

GUT ZU WISSEN:

DIE ERBSE

Manche zählen sie, die meisten essen sie lieber – Erbsen. Jetzt gibt's die grünen Perlen erntefrisch

Baby Familie

TIPP

Erbsen haben einen hohen Gesundheitswert, denn sie enthalten wenig Fett und verhältnismäßig **viel Eiweiß.** Außerdem liefern sie eine Menge Ballaststoffe, Eisen, Magnesium und B-Vitamine. Gegart können **Schwangere** das Powerfood **ohne Bedenken genießen.**

SÜSS UND NUSSIG

Erbsen teilt man nach ihrer Verwendung in drei Gruppen ein: Zuckererbsen, Markerbsen und Palerbsen. **Zuckererbsen** schmecken süß und werden samt Hülse gegessen. **Markerbsen** haben ein süß-nussiges Aroma. Man kennt sie hauptsächlich aus dem Tiefkühlregal oder frisch in den Schoten vom Marktstand. **Palerbsen** eignen sich für die Vorratshaltung. Sie können gut getrocknet und später gekocht werden.

KNUSPERLACHS MIT GURKE

FÜR 4 PERSONEN

2 Bio-Salatgurken
1 kleiner Becher saure Sahne (100 g) oder Naturjoghurt
1 Bund frischer Dill (oder ½ Packung TK-Dill)
1 EL Agavendicksaft
200 g Lachsfilet
Salz
frisch gemahlener Pfeffer
etwas Zitronensaft

10 Zubereitungszeit: 10 Minuten, Bratzeit: 2 bis 5 Minuten

1 Gurken schälen, die Enden entfernen. Gurken klein würfeln, mit der sauren Sahne in eine Schüssel geben und verrühren. Dill waschen und fein hacken. Alle Zutaten mit dem Agavendicksaft mischen und mit Salz und Pfeffer abschmecken.

2 Frischen Lachs klein schneiden und in einer beschichteten Pfanne ohne Öl gar braten. Den Salat auf tiefen Tellern anrichten, den Lachs darüberlegen. Für den Frische-Kick einen Spritzer Zitronensaft darübergeben.

Nährwerte pro Person: 180 kcal, 12 g EW, 11 g F, 7 g KH, 1 g BST

Zubereitungszeit:
30 Minuten

SPAGHETTI MIT ERBSEN UND MÖHREN

Für 4 Personen

300 g Dinkel-Spaghetti
200 g TK-Erbsen
200 g Möhren
1 EL Rapsöl
Saft und Abrieb von 1 Bio-Zitrone
200 g Sahne
100 g Ricotta
Salz und Pfeffer
100 g frisch geriebener Parmesan

Baby Familie

TIPP

Statt tiefgekühlter Erbsen können Sie auch frische verwenden. Achtung: Für 200 Gramm Erbsen müssen Sie mindestens 500 Gramm frische kaufen!

1 Die Nudeln nach Packungsangabe in Salzwasser al dente kochen. Kurz vor Kochende die Erbsen ins Wasser geben. Beides gemeinsam abgießen, kurz kalt abbrausen und beiseitestellen. Die Möhren schälen und mit dem Sparschäler oder einem Spiralschneider der Länge nach in Streifen oder Spiralen schneiden.

2 Das Öl in einer Pfanne erhitzen, die Möhren in der Pfanne etwa 5 Minuten anbraten. Zitronensaft und -abrieb dazugeben. Mit der Sahne aufgießen. Ricotta unterrühren. Die Nudeln mit den Erbsen in die Pfanne geben und unterrühren, salzen und pfeffern. Die Nudeln auf tiefen Tellern anrichten und mit Parmesan servieren.

Nährwerte pro Person 655 kcal, 25 g EW, 32 g F, 62 g KH, 10 g BST

ERDBEER-HÄHNCHEN-SALAT

FÜR 4 PERSONEN

4–6 dicke Scheiben Weißbrot vom Vortag
300 g Hähnchenbrust
200 g Erdbeeren
100 g blaue kernlose Trauben
1 Bund Basilikum
6 EL Olivenöl
2 EL weißer Balsamico-Essig
Salz
frisch gemahlener Pfeffer

25 Zubereitungszeit: 25 Minuten, Backzeit: 20 Minuten

1 Den Ofen auf 180 Grad vorheizen. Das Brot in grobe Stücke zupfen und auf ein Backblech geben. Im Ofen 5 bis 8 Minuten rösten.

2 Das Hähnchen waschen, trocken reiben und mit Salz und Pfeffer würzen. Das Fleisch auf ein mit Backpapier belegtes Blech legen und im Ofen etwa 20 Minuten braten, bis das Fleisch gar ist. Das Fleisch aus dem Ofen holen und in mundgerechte Stücke schneiden.

3 Erdbeeren und Trauben waschen und halbieren. Brot, Hähnchen, Erdbeeren und Trauben in einer großen Schüssel mischen. Die Basilikumblätter klein zupfen und untermischen. Den Salat mit Öl, Essig sowie Salz und Pfeffer abschmecken.

Nährwerte pro Person: 410 kcal, 24 g EW, 17 g F, 39 g KH, 4 g BST

FARFALLE MIT PAPRIKA-PESTO

1 Die Paprika und Tomaten waschen, die Stiele entfernen und 20 Minuten im Ofen bei 180 Grad rösten, bis die Haut Blasen wirft. Wer mag, kann dann die Schalen abziehen. So wird das Pesto noch feiner.

2 Das Gemüse mit Öl und Parmesan im Mixer oder Pürierstab zu einer Creme pürieren. Mit Salz und Pfeffer abschmecken.

3 Die Nudeln nach Packungsangabe in Salzwasser al dente kochen. Abgießen und auf Tellern mit dem Pesto und ein bisschen Parmesan anrichten.

Nährwerte pro Portion: 535 kcal, 20 g EW, 19 g F, 66 g KH, 7 g BST

FÜR 4 PERSONEN

je 2 rote und gelbe Paprika
100 g Eiertomaten
4 EL Olivenöl
350 g Farfalle
100 g Parmesan (frisch gerieben)
Salz und Pfeffer (frisch gemahlen)

15 Zubereitungszeit: 15 Minuten, Backzeit (Paprika): 20 Minuten

SCHOKO-BANANEN-CREME

1 Banane schälen und mit Kakao und Frischkäse in einem hohen Gefäß mit dem Pürierstab oder im Mixer fein pürieren.

2 Das Brot toasten, wer mag. Mit der Creme bestreichen.

3 Die Erdbeeren putzen, waschen und in dünne Scheiben schneiden. Die geschmierten Brote mit den Erdbeeren belegen und zum Frühstück genießen. Die Creme lässt sich auch ins Müsli rühren.

Nährwerte pro Person: 200 kcal, 7 g EW, 5 g F, 28 g KH, 4 g BST

FÜR 4 PERSONEN

1 reife Banane
1 EL ungezuckerter Kakao
2 EL Frischkäse
4 Scheiben Vollkorn-Dinkel-Brot (für kleine Kinder fein gemahlenes Brot verwenden)
8 Erdbeeren

Zubereitungszeit: 5 Minuten

GEMISCHTER BEEREN-CRUMBLE

1 Den Backofen auf 175 Grad vorheizen. Die Beeren verlesen, waschen und mischen (gegebenenfalls die TK-Beeren auftauen lassen). Beeren in eine Auflaufform geben.

2 Die Haferflocken mit dem Mehl und dem Agavendicksaft mischen, wer mag mit Zimt würzen. Die weiche Butter unterkneten und mit den Fingern Brösel (durch den Agavendicksaft werden die Brösel eher matschig) kneten. Die Brösel über die Beeren geben. Alles im Ofen bei 175 Grad (Mitte, Ober-/Unterhitze) etwa 40 Minuten goldbraun backen.

Nährwerte pro Portion: 480 kcal, 6 g EW, 23 g F, 58 g KH, 6 g BST

FÜR 6 PERSONEN

600 g gemischte frische Beeren (oder TK-Beeren)
100 g Haferflocken
150 g Dinkelmehl
200 g Agavendicksaft
150 g weiche Butter

Wer mag

etwas Zimt

15 Zubereitungszeit: 15 Minuten, Backzeit: 40 Minuten

HIMBEEREIS

FÜR CA. 10 PORTIONEN

500 g Himbeeren
300 g Sahne
2 EL Agavendicksaft

Zubereitungszeit: 10 Minuten, plus mindestens 6 Stunden Gefrierzeit

1 Die Himbeeren verlesen und waschen. Die Sahne steif schlagen. Die Himbeeren mit etwas Agavendicksaft im Mixer oder mit dem Pürierstab fein pürieren. Himbeermark mit der geschlagenen Sahne vorsichtig mischen. Eventuell mit etwas mehr Agavendicksaft abschmecken.

2 Kleine Förmchen mit Frischhaltefolie auslegen. Die Himbeersahne in die Förmchen füllen, und das Eis im Tiefkühlfach fest werden lassen. In den ersten Stunden ab und zu durchrühren, damit es nicht kristallisiert.

Nährwerte pro Portion: 125 kcal, 1 g EW, 10 g F, 1 g KH, 2 g BST

with love

AUGUST

Im Urlaub schmecken Tomaten einfach besser! Aber da wir nicht immer den Süden schmecken können, genießen wir erntefrische Tomaten im Hochsommer. Denn genau jetzt schmecken sie – auch hier bei uns – nach Sonne, Sand und Meer.

_ _ _ _ _ _ _

Baby Familie

TIPP

Tomaten sind gute Lieferanten von A-, C- und E-Vitaminen sowie Folsäure. Für Schwangere, stillende Mütter und Frauen mit Kinderwunsch ist Folsäure wichtig, weil es die **Zellteilung und verschiedene Wachstumsprozesse** unterstützt.

GELIEBTE KUGEL

Die Tomate ist der **Liebling der Deutschen.** Jedes Jahr vernaschen wir etwa 25 Kilo. Zwei Drittel allerdings als Sauce oder Ketchup – beide sind leider oft stark gezuckert.

MIMÖSCHEN

Das Fruchtgemüse reagiert sehr empfindlich auf Kühlschrankkälte. Damit Tomaten ihr Aroma entfalten können, lagert man sie möglichst bei **13 bis 18 Grad Celsius**.

GUT ZU WISSEN:

DIE TOMATE

Im Salat oder als Sauce – wir lieben die roten Kugeln. Als Saft punkten sie allerdings nur im Flieger

OBST ODER GEMÜSE?

Über diese Frage streiten sich Botaniker und Biologen gerne. Denn Tomaten enthalten – wie auch Auberginen, Melonen, Gurke & Co. – Merkmale von Obst und Gemüse. Deshalb entstand die **Kategorie Fruchtgemüse**.

IN ALLER MUNDE

Das Offensichtliche ist mal wieder unsichtbar? Dann haben wir **Tomaten auf den Augen.** Die Redensart leitet sich vermutlich von der Tatsache ab, dass manche Menschen nach dem Aufwachen rote, geschwollene Augen haben und noch nicht alles bemerken.

Erst verabreden und kurz vorher absagen? Wer so etwas macht, wird gerne wenig schmeichelhaft als **treulose Tomate** bezeichnet. Eine mögliche Erklärung: In kühleren Regionen war die Tomatenernte oft unsicher.

Zubereitungszeit:
10 Minuten, Grillzeit:
5 Minuten

BACHSAIBLING MIT FENCHEL-ZWETSCHGEN-SALAT

Für 4 Personen

2 Fenchelknollen
6 Zwetschgen
Olivenöl
Salz und frisch gemahlener Pfeffer
3 Bachsaiblingsfilets (à ca. 150 g)
1 Knoblauchzehe
Abrieb von 1 Bio-Zitrone
1 EL körniger Senf
2 EL Orangensaft
etwas Dill

Außerdem

eine extra Grillplatte oder ein Grillnetz

1 Fenchel putzen, waschen und in feine Streifen schneiden. Die Zwetschgen waschen, entkernen und das Fruchtfleisch ebenfalls in schmale Spalten schneiden. Fenchel und Zwetschgen mit 1 EL Olivenöl mischen, salzen und pfeffern und auf der Grillplatte oder dem Grillnetz circa 5 Minuten grillen. Ab und zu durchmischen.

2 In der Zwischenzeit die Saiblingfilets waschen, trocken tupfen und etwas salzen. Knoblauch schälen, fein reiben und mit 1 EL Olivenöl sowie dem Zitronenabrieb mischen. Den Fisch damit von beiden Seiten einreiben und dann ebenfalls auf der Grillplatte oder dem Netz über indirekter Hitze langsam grillen. Fenchel und Zwetschgen mit Senf und Orangensaft mischen. Zum gegrillten Saibling servieren und – wer mag – mit frischem Dill garnieren.

Nährwerte pro Person: 200 kcal, 23 g EW, 8 g F, 7 g KH, 3 g BST

WURST-RÖLLCHEN MIT DIP

FÜR 4 PERSONEN

1 Rolle frischer Blätterteig (aus dem Kühlregal)
2 rote, rohe Grillwürstchen (à ca. 100 g)
100 g Bergkäse am Stück
100 g saure Sahne
2 EL Tomatenmark
2 reife, mittelgroße Tomaten
etwas Schnittlauch
Salz und Pfeffer

12 Zubereitungszeit: 12 Minuten, Backzeit: 25 Minuten

1 Blätterteig quer halbieren. Die Würstchen längs einschneiden. Käse in vier lange Streifen schneiden. Je zwei Käsestreifen zwischen die Würstchen legen und alles in eine Scheibe Blätterteig wickeln. Mit einem Messer etwa 3 cm breite Röllchen abschneiden und diese auf ein mit Backpapier belegtes Blech legen. Im Ofen (Mitte, Umluft) bei 180 Grad circa 25 Minuten goldbraun backen.

2 Die saure Sahne mit Tomatenmark verrühren. Die Tomaten waschen, in kleine Würfel schneiden und unter die saure Sahne mischen. Schnittlauchröllchen unterheben, alles mit Salz und Pfeffer abschmecken. Fertig!

Nährwerte pro Person: 580 kcal, 22 g EW, 45 g F, 22 g KH, 2 g BST

FISCHSPIESSE MIT BACKKARTOFFELN

FÜR 4 PERSONEN

300 g Drillinge (kleine Kartoffeln)
Olivenöl
Salz
frisch gemahlener Pfeffer
400 g Lachsfilet
1 gelbe Paprika
1 Zucchini (ca. 150 g)
1 Bio-Zitrone
½ Bund frische Petersilie

Außerdem

4 Schaschlikspieße

Zubereitungszeit: 20 Minuten, Backzeit: 30 Minuten

1 Die Kartoffeln waschen, trocken tupfen und mit etwas Olivenöl einreiben. Mit Salz und Pfeffer würzen und auf ein Backblech legen. Im Ofen (Mitte, Ober-/Unterhitze) bei 200 Grad etwa 30 Minuten backen.

2 In der Zwischenzeit den Fisch in etwa 4 × 4 cm große Würfel schneiden. Die Paprika waschen, putzen und ebenfalls würfeln. Die Zucchini waschen, die Enden entfernen und in 2 cm dicke Scheiben schneiden. Die Zitrone waschen, längs halbieren und in 1 cm breite Scheiben schneiden.

3 Fisch und Gemüse sowie die Zitronenscheiben abwechselnd auf die Spieße stecken. Mit etwas Öl bestreichen, salzen und pfeffern. In der Grillpfanne circa 12 bis 15 Minuten braten. Petersilie waschen, die Blätter abzupfen, klein hacken und über die gebackenen Kartoffeln streuen. Den Fisch-Gemüse-Spieß zu den Kartoffeln servieren.

Nährwerte pro Person: 265 kcal, 22 g EW, 14 g F, 11 g KH, 2 g BST

PIZZA-BONBONS FÜR DIE KITA-BOX

1 Backofen auf 180 Grad vorheizen. Den Pizzateig ausrollen und in acht etwa gleich große Rechtecke schneiden. Tomaten mit Kräutern und Zucker verrühren, mit Salz und Pfeffer abschmecken.

2 Mozzarella in sehr kleine Stücke zupfen. Auf jeden Pizzafladen Tomatensauce in die Mitte geben. Mit Mozzarella belegen, und wer mag, streut darauf noch Schinken-, Salami- oder Paprikawürfel.

3 Den Teig der Länge nach übereinanderklappen, an der Längsseite fest andrücken und die Enden zu Bonbons drehen. Die Bonbons auf ein mit Backpapier belegtes Backblech legen und mit dem Olivenöl bestreichen. Die Bonbons im Ofen (Mitte, Umluft) bei 180 Grad etwa 15 Minuten backen. Abkühlen lassen und am nächsten Morgen mit in die Kita-Frühstücksbox geben. Dazu gibt's noch ein paar frische Mini-Tomaten.

Nährwerte pro Stück: 130 kcal, 4 g EW, 7 g F, 12 g KH, 0 g BST

FÜR CA. 8 BONBONS

200 g Fertig-Pizzateig aus dem Kühlregal
100 ml passierte Tomaten
1 EL italienische Kräuter
1 TL Zucker
Salz und frisch gemahlener Pfeffer
125 g Mozzarella
1 TL Olivenöl

Wer mag

Schinken-, Salami- oder Paprikawürfel (ca. 100 g)

10 Zubereitungszeit: 10 Minuten, Backzeit: ca. 15 Minuten

MINZ-MELONEN-DRINK

FÜR 4 GLÄSER

½ Bund frische Minze
¼ reife Wassermelone ohne Kerne (alternativ: Honigmelone)
¼ Bio-Salatgurke
1 l Sprudelwasser

Zubereitungszeit: 5 Minuten

1 Die Minze waschen und die Blätter abzupfen. Die Melone von der Schale befreien und in dünne Scheiben und kleine Stücke schneiden. Die Gurke waschen und mit Schale in Scheiben schneiden.

2 Melone, Gurke und Minze in einer Karaffe mit dem Wasser aufgießen. Wer mag, gibt noch Eiswürfel hinzu.

Nährwerte pro Glas: 25 kcal, 0 g EW, 0 g F, 5 g KH, 0 g BST

SEPTEMBER

Apfelschnitze, Apfelmus, Apfelkuchen, Apfel-Tarte, Apfel hier und Apfel da. An dem leckeren Kernobst kommt man nicht vorbei. Und wer will das auch schon? Äpfel schmecken immer und zu jeder Jahreszeit. Aus. Äpfel. Amen.

_ _ _ _ _ _ _

GANZ SCHÖN INSPIRIEREND

Friedrich Schiller soll faulende Äpfel in seiner Schreibtischschublade gebunkert haben. Angeblich verhalfen sie ihm zu seiner schreiberischen Kreativität. Dass die beliebte Frucht **große Denkleistungen beschleunigen** kann, würde wohl auch der Physiker Isaac Newton bestätigen. Ein vom Baum gefallener Apfel im Garten seines Elternhauses soll ihn dazu gebracht haben, das **Gesetz der Schwerkraft** zu formulieren.

Baby Familie

TIPP

Äpfel **eignen sich auch als Babykost**: Etwa ab dem siebten Lebensmonat können Eltern täglich 100 Gramm geriebenen Apfel unter den Getreide-Obstbrei mischen.

GUT ZU WISSEN:

DER APFEL

Knackig, saftig, erfrischend süß-säuerlich – dem Apfel kann niemand widerstehen

GETRENNT LAGERN

Äpfel produzieren ein Gas namens Ethylen. Es lässt andere Früchte **vorzeitig reifen** oder **schneller verderben**. Deshalb bleiben Äpfel in der Obstschale besser unter sich.

VERWANDT ODER NICHT?

Zwar soll man Äpfel nicht mit Birnen vergleichen, verwandt sind die beiden Obstsorten dennoch: Sie zählen genau wie Brombeeren, Kirschen oder Mandeln zur Familie der **Rosengewächse**. Zu Namensvettern wie Granatäpfeln, Paradiesäpfeln oder Erdäpfeln besteht hingegen keine Verwandtschaft. Granatäpfel gehören zu den Weiderichgewächsen, Paradiesäpfel (oder Paradeiser) nennt man in Österreich Tomaten und Erdapfel ist ein süddeutscher und österreichischer Ausdruck für Kartoffel.

GRÜNKERN-LASAGNE

FÜR 4 PERSONEN

Für die Bolognese

1 rote Zwiebel

1 große Möhre (ca. 200 g)

2 Stangen Staudensellerie (ca. 200 g)

Olivenöl

200 g Grünkern

½ Tube Tomatenmark

250 ml passierte Tomaten

1 TL Agavendicksaft

2 EL italienische Kräuter (getrocknet)

Für die Béchamel

4 EL Butter

100 g Vollkornmehl

500 ml Milch

Außerdem

ca. 200 g Lasagneplatten

125 g Mozzarella

Salz und Pfeffer

20 Zubereitungszeit: 20 Minuten, Kochzeit: 30 Minuten, Backzeit: 20 Minuten

1 Die Zwiebel abziehen, das Gemüse putzen und waschen. Alles in kleine Stücke schneiden und im Blitzhacker fein hacken. Olivenöl in einer hohen Pfanne erhitzen, das Gemüse dazugeben und circa 3 Minuten anbraten. Den Grünkern dazugeben und mit anbraten. Das Tomatenmark untermischen. Passierte Tomaten in die Pfanne geben und alles mit Agavendicksaft, italienischen Kräutern sowie Salz und Pfeffer abschmecken. Die Grünkernbolognese kräftig einkochen, bis der Grünkern weich ist.

2 Für die Béchamel die Butter in einem kleinen Topf schmelzen. Mehl einrühren und mit der Butter anschwitzen. Mit der Milch aufgießen und erhitzen, bis die Béchamel cremig wird. Mit etwas Salz abschmecken.

3 Nun abwechselnd in eine ofenfeste Form (etwa 20 × 10 cm) Béchamel, Lasagneplatten und Bolognese schichten. Mit Bolognese abschließen. Den Mozzarella klein zupfen und obendrauf streuen. Die Lasagne im Ofen (Mitte, Umluft) bei 180 Grad circa 20 Minuten backen.

Nährwerte pro Person: 730 kcal, 27 g EW, 22 g F, 98 g KH, 13 g BST

TOMATEN-HÜHNER-BRÜHE

1 Einen Topf mit ca. 3 l kaltem Wasser aufsetzen. Die Schenkel waschen und mit den Lorbeerblättern und 1 EL Salz in den Topf geben. Die Suppe zum Kochen bringen.

2 Nach etwa 1 Stunde Kochzeit das Suppengrün putzen, waschen und in den Topf geben. Eine weitere Stunde köcheln lassen.

3 Suppengemüse und Fleisch aus der Brühe fischen. Wer mag, etwas Suppengemüse klein schneiden, zur Seite stellen. Die Haut von den Schenkeln entfernen, das zarte Fleisch klein schneiden. Tomatenmark in die nun klare Brühe rühren. Die Sahne ebenfalls unterrühren, bis die Suppe cremig wird. Mit etwas Salz abschmecken. Eventuell Suppennudeln in Salzwasser al dente kochen. Die Suppe in Teller füllen, Fleisch und Nudeln dazu, fertig!

Nährwerte pro Person: 265 kcal, 18 g EW, 18 g F, 7 g KH, 4 g BST

FÜR 4 PERSONEN

2 Bio-Hähnchenschenkel
2 Lorbeerblätter
1 Bund Suppengrün
1 Tube Tomatenmark (200 g)
100 ml Sahne
Salz

Wer mag

Suppennudeln

Zubereitungszeit: 10 Minuten, Kochzeit: 2 Stunden

KARTOFFEL-LACHS-AUFLAUF

FÜR 4 PERSONEN

800 g festkochende Kartoffeln
Salz
400 g Lachsfilet
100 g Sahne
100 ml Gemüsebrühe
200 ml Milch
1 Ei
Pfeffer
etwas frischer Dill

Zubereitungszeit: 30 Minuten

1 Die Kartoffeln schälen und in kleine Stücke schneiden. Die Kartoffeln 10 Minuten in Salzwasser kochen. Abgießen und in eine ofenfeste Form geben.

2 Lachsfilet in 2 × 2 cm große Stücke schneiden und zu den Kartoffeln geben.

3 Die Sahne mit der Brühe, der Milch und dem Ei mischen, mit Salz und Pfeffer würzen und über die Kartoffeln und den Lachs geben. Den Auflauf im Ofen (Mitte, Umluft) bei 175 Grad für etwa 30 bis 40 Minuten backen. Vor dem Servieren mit frischem Dill garnieren.

Nährwerte pro Person: 435 kcal, 27 g EW, 23 g F, 29 g KH, 2 g BST

PANCAKE-SPIESSE

Für 4 Spieße
200 g Mehl
300 ml Milch
2 Eier
Salz
2 Bananen
Für Kinder ab drei Jahren
6 reife Trauben oder Mirabellen
eventuell etwas Puderzucker
Zum Braten
1 EL Rapsöl

15 Zubereitungszeit:
15 Minuten

1 Mehl mit Milch verrühren. Die Eier trennen. Das Eiweiß mit 1 Prise Salz steif schlagen. Das Eigelb zum Mehl geben und verrühren, dann das geschlagene Eiweiß unter die Teigmasse heben. Etwas Rapsöl in einer beschichteten Pfanne erhitzen und mit einem Esslöffel kleine, fluffige Mini-Pancakes (Durchmesser circa 4 cm) ausbacken. Die gebackenen Pancakes zur Seite stellen.

2 Die Bananen schälen und in circa 1½ cm dicke Scheiben schneiden. Die Trauben/Mirabellen waschen, halbieren und den Kern/Stein entfernen. Nun abwechselnd Pancakes, Banane und Trauben/Mirabellen auf die Spieße stecken. Wer mag, kann sie mit ein bisschen Puderzucker bestreuen.

Nährwerte pro Person: 340 kcal, 11 g EW, 8 g F, 53 g KH, 3 g BST

APFEL-BIRNEN-MUS MIT GRIESSBREI

FÜR 4 PERSONEN

500 g süße Bio-Äpfel (Elstar oder Jonagold)
800 g reife Bio-Birnen
300 ml Milch
100 g Weizengrieß

Wer mag

etwas Zimt

Zubereitungszeit: 30 Minuten

1 Die Äpfel und Birnen waschen, das Kerngehäuse entfernen. Die Früchte klein schneiden und in einem Topf mit 100 ml Wasser auf niedriger Stufe köcheln lassen. Sobald die Früchte weich sind, mit dem Pürierstab fein pürieren. Das Mus abkühlen lassen. Wer mag, mit etwas Zimt abschmecken.

2 Die Milch in einem kleinen Topf zum Kochen bringen. Den Topf vom Herd nehmen und den Grieß langsam einrühren. Den fertigen warmen Grießbrei in Dessertschalen verteilen und mit dem Apfel-Birnen-Mus servieren. Eventuell mit etwas Zimt garnieren.

Nährwerte pro Person: 315 kcal, 6 g EW, 3 g F, 60 g KH, 9 g BST

SCHEITERHAUFEN MIT APRIKOSEN

Für 4 Personen

1 TL Butter
350 g altbackenes Brot (es darf schon etwas trocken sein)
300 ml Milch
3 Eier
Mark von 1 Vanilleschote
300 g überreife Aprikosen (da natursüß)
200 g Schmand
Abrieb von 1 Bio-Zitrone

Zubereitungszeit: 15 Minuten, Backzeit: 35 bis 40 Minuten

1 Backofen auf 180 Grad vorheizen. Eine ofenfeste Form (10×20 cm) mit Butter einfetten. Das Brot in Würfel schneiden oder in Stücke zupfen und in die Form legen. Die Milch mit den Eiern und dem Vanillemark verrühren, ein bisschen Vanille für den Schmand übrig lassen. Die Eiermilch über das Brot geben. Die Aprikosen waschen, entkernen, in grobe Stücke schneiden und unter die Brotwürfel mischen.

2 Den Auflauf im Ofen circa 35 bis 40 Minuten backen. In der Zwischenzeit den Schmand mit etwas Zitronenabrieb und Vanille glatt rühren. Den Auflauf aus dem Ofen holen, etwas abkühlen lassen und verteilen. Mit einem Klecks Zitronenschmand servieren.

Nährwerte pro Person: 460 kcal, 16 g EW, 19 g F, 55 g KH, 4 g BST

OKTOBER

Die Vorfreude ist immer riesengroß. Endlich wieder Kürbiszeit! Einfach nur köstlich, die erste Kürbissuppe im Jahr. Wie lecker, Kürbis im Salat und: oh wie süß, Kürbis in Brötchen versteckt. Ein wahrer Kinderliebling.

HERKUNFT

Ursprünglich stammt der Speisekürbis aus Südamerika sowie von der **japanischen Insel Hokkaido.** Weltweit sind über 800 Kürbisarten bekannt.

GIGANTISCH

Fast **1,2 Tonnen** brachte 2016 der Riesenkürbis des Belgiers Mathias Willemijns auf die Waage. **100 Tage** brauchte der Weltrekordler zum Wachsen.

GATTUNG

Der Kürbis ist die **größte Beere der Welt.** Er gehört zu den Beerengewächsen, weil seine Kerne frei im Fruchtfleisch liegen.

GUT ZU WISSEN:

DER KÜRBIS

Als Suppe wärmt Kürbis uns an kalten Tagen. Als Deko bringt er Stimmung ins Haus

Baby und Familie

TIPP

Die hohe Ballaststoffdichte des Kürbisses **fördert die Verdauung** – auch bei Schwangeren, die zu Verstopfung neigen.

RUNDUM GESUND

Kürbis ist ein Multitalent: Er schmeckt gebacken in Spalten mit einem Dip, als Suppe, als Gemüsebeilage, aber auch roh als Salat. Zudem ist er mit nur **25 Kilokalorien auf 100 Gramm Fruchtfleisch** ein schlanker, gesunder Sattmacher.

BIRNEN-KARTOFFEL-AUFLAUF

TIPP

Möhren-Zitronen-Salat als Beilage: 6 große Möhren raspeln, mit Saft und Abrieb einer Bio-Zitrone und 2 EL saure Sahne mischen, salzen und pfeffern.

20 Zubereitungszeit: 20 Minuten, Backzeit: 45 Minuten

Für 4 Personen

1 TL Butter
1 kg festkochende Kartoffeln
3 Birnen (Sorte nach Belieben)
200 g Sahne
400 ml Gemüsebrühe
1 Prise Muskat
Salz und Pfeffer
75 g Emmentaler
75 g geriebener Emmentaler
eventuell etwas Estragon

1 Eine ofenfeste Form mit Butter einfetten. Die Kartoffeln schälen, waschen und in feine Spalten schneiden. Die Birnen ebenfalls waschen, entkernen und in Spalten schneiden. Sahne mit Gemüsebrühe mischen, mit Muskat, Salz und Pfeffer abschmecken. Die Kartoffeln und Birnen in die ofenfeste Form schichten.

2 Die Sahne-Mischung darübergeben und mit dem Emmentaler und dem Bergkäse bestreuen. Wer mag, den Estragon waschen, trocken schütteln, grob schneiden und über den Auflauf geben. Den Auflauf im Ofen auf mittlerer Schiene bei 180 Grad (Umluft) für 45 Minuten backen.

Nährwerte pro Person: 525 kcal, 16 g EW, 29 g F, 46 g KH, 6 g BST

FISCHBÄLLCHEN MIT JOGHURT-DIP

FÜR 4 PERSONEN

250 g Lachsfilet
100 g Knödelbrot
 (oder 2 altbackene
 Brötchen)
100 ml Milch
2 Eier
Salz und Pfeffer
frischer Dill
200 g Langkornreis
2 EL Rapsöl

Für den Dip

200 g Naturjoghurt
Abrieb von 1 Bio-Zitrone
1 EL Agavendicksaft

30 Zubereitungszeit: 30 Minuten

1 Lachsfilet mit einem großen Messer fein hacken. Knödelbrot in der Milch einweichen. Etwas ausdrücken und zum Fisch geben. Eier aufschlagen und mit der Fischmischung verkneten. Mit Salz und Pfeffer würzen und je nach Gusto mit frisch gehacktem Dill verfeinern.

2 Den Reis nach Packungsangabe in Salzwasser garen. Das Öl in einer beschichteten Pfanne erhitzen. Aus dem Teig mit feuchten Händen etwa zwölf Bällchen formen und von allen Seiten knusprig braten.

3 Joghurt mit dem Zitronenabrieb, Agavendicksaft sowie Salz und Pfeffer verrühren. Je drei Fischbällchen und Reis auf die Teller geben und mit dem Dip servieren. Guten Appetit!

Nährwerte pro Person: 510 kcal, 24 g EW, 18 g F, 61 g KH, 2 g BST

NUDELSALAT MIT APFEL

1 Die Nudeln nach Packungsangabe in Salzwasser al dente kochen. Abgießen und kalt abbrausen.

2 Die Würstchen in feine Scheiben schneiden. Die Äpfel waschen, vierteln, entkernen und in feine Scheiben schneiden. Dann die Gurke schälen und würfeln.

3 Saure Sahne mit Öl, Essig sowie Salz und Pfeffer mischen. Den Schnittlauch waschen und in feine Röllchen schneiden. Die Nudeln mit den Würstchen, dem Apfel, der Gurke und dem Dressing gut durchmischen.

Nährwerte pro Person: 795 kcal, 19 g EW, 51 g F, 62 g KH, 6 g BST

FÜR 4 PERSONEN

250 g Fusilli
Salz
4 Wiener Würstchen
3 süße Äpfel
½ Salatgurke
200 g saure Sahne
100 ml Rapsöl
100 ml Apfelessig
Pfeffer
1 Bund Schnittlauch

20 Zubereitungszeit: 20 Minuten

KÜRBISGNOCCHI

FÜR 4 PERSONEN

½ Hokkaidokürbis (ca. 500 g)
1 Knoblauchzehe
200 g Ricotta
300 g Parmesan (fein gerieben)
2 Eier
120 g Grieß
Salz
frisch gemahlener Pfeffer
2 EL Mehl
2 EL geschmolzene Butter
40 g Parmesan (frisch gerieben zum Servieren)

Zubereitungszeit: 30 Minuten

1 Hokkaido waschen, Kerne entfernen und das Fruchtfleisch samt Schale klein schneiden. In circa 200 ml Wasser weich kochen. Das Kochwasser gut abgießen und das Fruchtfleisch pürieren.

2 Knoblauch abziehen und fein reiben. Kürbismus mit Knoblauch, Ricotta, Parmesan, Eiern und Grieß verkneten. Mit Salz und Pfeffer würzen. Bei Bedarf noch etwas Mehl unterkneten, sodass der Teig nicht zu sehr klebt.

3 Einen großen Topf mit Salzwasser zum Kochen bringen. Aus dem Teig lange, etwa 2 cm dicke Rollen formen, alle 2 cm Gnocchi abstechen und etwas antrocknen lassen. Das Kochwasser auf mittlere Stufe stellen und die Gnocchi circa 5 Minuten im heißen Wasser sieden lassen, bis sie an der Oberfläche schwimmen. Mit einem Sieb vorsichtig aus dem Wasser fischen.

4 Die Gnocchi auf Tellern anrichten und mit der flüssigen Butter und etwas frisch geriebenem Parmesan servieren.

Nährwerte pro Person: 645 kcal, 39 g EW, 39 g F, 33 g KH, 5 g BST

SÜSSKARTOFFEL-KÜRBIS-SUPPE

1 Kürbis waschen, in Stücke schneiden und die Kerne entfernen. Süßkartoffel schälen und ebenfalls in Stücke schneiden. Schalotte und Knoblauch abziehen und klein würfeln. Das Öl in einem großen Topf erhitzen. Gemüse und Gewürze darin 5 Minuten anrösten.

2 Gemüse mit der Brühe aufgießen und circa 20 Minuten lang weich kochen. Die Sahne unter die Suppe rühren und kurz pürieren. Mit Salz und Pfeffer würzen. Die Suppe mit frischem Baguette – perfekt zum Tunken für die Kleinen – servieren.

Nährwerte pro Person: 230 kcal, 3 g EW, 13 g F, 23 g KH, 4 g BST

FÜR 4 PERSONEN

300 g Kürbis
(z. B. Butternuss)
300 g Süßkartoffel
1 Schalotte
1 Knoblauchzehe
3 EL Rapsöl
300 ml Gemüsebrühe
50 g Sahne
Salz und Pfeffer

30 Zubereitungszeit: 30 Minuten

KÜRBISRAGOUT

FÜR 4 PERSONEN

1 Butternusskürbis (ca. 1,2 kg)
2 Schalotten
2 (Dosen-)Pfirsiche
1 Knoblauchzehe
2 EL Olivenöl
Salz und frisch gemahlener Pfeffer
1 TL Senfkörner
2 EL Agavendicksaft
2 EL weißer Balsamico

Zubereitungszeit: 25 Minuten

1 Den Kürbis schälen und die Kerne entfernen. Das Fruchtfleisch in circa 1 × 1 cm große Würfel schneiden. Die Schalotten abziehen und fein würfeln. Pfirsiche würfeln, Knoblauch abziehen und fein hacken.

2 Öl in einer großen Pfanne erhitzen. Schalotten, Pfirsiche, Knoblauch und Senfkörner etwa 3 Minuten rösten. Kürbiswürfel dazugeben und alles rund 10 Minuten gut anbraten. Mit Agavendicksaft etwas karamellisieren. Balsamico und etwa 200 ml Wasser dazugeben und einkochen lassen. Mit Salz und Pfeffer abschmecken.

Baby Familie

TIPP

Das Ragout passt gut zu kurz gebratenem Fleisch, zu Couscous oder Bulgur. Auch püriert als Dip zu Käse oder als Brotaufstrich schmeckt es prima. Als warmes schnelles Essen geben Sie 200 g saure Sahne, mit etwas Zitronensaft und Salz abgeschmeckt, auf das Ragout. Oder bestreuen es mit ein wenig Parmesan.

Nährwerte pro Person: 165 kcal, 3 g EW, 5 g F, 24 g KH, 5 g BST

TIPP

Roh lässt sich der Hokkaido schwer schneiden. Leichter geht's, wenn Sie ihn halbieren und für 20 Minuten bei 130 Grad im Backofen vorgaren.

20 Zubereitungszeit: 20 Minuten, Backzeit: 25 Minuten

KÜRBISBRÖTCHEN

Für ca. 10 Brötchen

½ Hokkaido-Kürbis

250 g Speisequark (0,2 % Fettstufe)

500 g Dinkelmehl

1 TL Backpulver

2 Eier

½ TL Salz

eventuell 1 Prise Kreuzkümmel

1 Hokkaido waschen, Kerne entfernen und das Fruchtfleisch samt Schale klein schneiden. In etwa 200 ml Wasser weich kochen. Das Kochwasser gründlich abgießen und das Fruchtfleisch pürieren.

2 Das Kürbismus abkühlen lassen und mit Quark, Mehl, Backpulver, Eiern und Salz gut verrühren. Wer mag, mit einer Prise Kreuzkümmel würzen. Aus dem Teig circa 10 kleine Brötchen formen. Sollte der Teig zu sehr kleben, noch etwas Mehl hinzugeben. Die Brötchen auf ein mit Backpapier belegtes Blech setzen.

3 Die Brötchen im Ofen (Mitte, Umluft) bei 180 Grad etwa 25 Minuten backen.

Nährwerte pro Stück: 215 kcal, 11 g EW, 1 g F, 40 g KH, 3 g BST

NOVEMBER

Pastinaken in Schnitzen aus dem Ofen sind die perfekte Alternative zu Kartoffel-Pommes in der kalten Jahreszeit. Lassen Sie Pastinaken nicht links liegen, rein damit in den Einkaufskorb und ab aufs Blech.

EINKAUF

Je kleiner und heller, umso besser! Kleine Pastinaken schmecken zarter als große. Die großen werden beim Kochen schnell faserig und holzig. Je heller die Pastinaken, umso frischer sind sie.

SCHÄLEN

Pastinaken schälen Sie wie Möhren mit einem Sparschäler. Kleine Exemplare müssen nur gewaschen werden. **Auch die Blätter sind essbar** und eignen sich zum Würzen.

LAGERUNG

Im Gemüsefach ungewaschen mehrere Wochen haltbar, im Gefrierfach blanchiert **bis zu einem Jahr**.

GUT ZU WISSEN:

DIE PASTINAKE

Die weiße Wurzel begeistert immer mehr Feinschmecker. Geben auch Sie der Pastinake eine Chance!

VON SUPPE BIS AUFLAUF

Pastinaken lassen sich sehr abwechslungsreich in der Küche zubereiten. Die Wurzeln schmecken als Püree, Pommes und Suppe. Sie verleihen Aufläufen, Gratins und Eintöpfen eine **süß-würzige Note**. Die kleinen und jungen Wurzeln können sogar roh im Salat verputzt werden oder schmecken klein geschnitten als Sticks mit Dip. Damit sich die Wurzeln nicht schnell braun verfärben, einfach mit Zitronensaft beträufeln. Lecker!

Baby Familie TIPP

Wer noch nie etwas von Pastinaken gehört hat, tut es spätestens, wenn das Baby anfängt, Brei zu essen. **Das süß-würzige Aroma schmeckt den Kleinen nämlich ganz vorzüglich.** Kombiniert mit Möhren, Kartoffel, Fleisch oder Fisch bleibt garantiert kein Löffel übrig. Das Wurzelgemüse ist sehr kohlenhydratreich und macht daher **lange satt**.

KÜRBIS-ZUCCHINI-QUICHE

FÜR CA. 6 STÜCKE

½ Hokkaidokürbis (ca. 500 g)
1 große Zucchini (ca. 300 g)
3 EL Olivenöl
Salz und frisch gemahlener Pfeffer
250 g Ricotta
200 g saure Sahne
2 Eier
1 Packung TK-Blätterteig (450 g)
100 g Frühstücksspeck

20 Zubereitungszeit: 20 Minuten, Backzeit: 55 Minuten

1 Kürbis waschen, entkernen und in kleine Würfel schneiden. Zucchini waschen, die Enden entfernen und fein würfeln. Das Öl in einem Topf erhitzen und das Gemüse etwa 10 Minuten anbraten. Mit Salz und Pfeffer würzen.

2 Ricotta und saure Sahne mit den Eiern verrühren. Die Creme mit Salz und Pfeffer abschmecken. Den Backofen auf 180 Grad (Ober-/Unterhitze) vorheizen.

3 In einer runden Springform den Blätterteig auslegen. Einen 5 cm hohen Rand andrücken. Das Gemüse in die Form geben und die Ricotta-Sahne-Mischung einlaufen lassen. Die Quiche im Ofen circa 50 Minuten backen und den Speck in Streifen drüberlegen. 5 Minuten mitbacken. Yummy!

Nährwerte pro Stück: 620 kcal, 14 g EW, 47 g F, 35 g KH, 4 g BST

Zubereitungszeit: 20 Minuten, Kochzeit: 20 Minuten

HÄHNCHEN-RISONI-TOPF

Für 4 Personen

400 g Hähnchenbrust
1 Schalotte
1 Möhre (circa 100 g)
2 Zucchini (circa 300 g)
2 EL Rapsöl
150 g Risoni (Nudeln)
1 l Hühnerbrühe (aus dem Glas oder Brühwürfel)
Salz und Pfeffer
20 g frisch geriebener Parmesan

1 Das Fleisch in sehr feine Streifen schneiden. Die Schalotte abziehen. Die Möhre schälen, die Enden abschneiden. Die Zucchini waschen, die Enden abschneiden. Die Schalotte und das Gemüse mit dem Gemüsehobel fein raspeln.

2 Das Öl in einem mittelgroßen Topf erhitzen, das Gemüse darin etwa 10 Minuten anbraten. Risoni dazugeben und kurz mit anbraten. Mit 1 l Hühnerbrühe aufgießen und das Fleisch mitkochen lassen.

3 Den Eintopf circa 20 Minuten kochen lassen, bis die Risoni gar sind und das Fleisch zart ist. Den Eintopf mit Salz und Pfeffer abschmecken. Die Suppe mit geriebenem Parmesan oder mit etwas klein gehackter Petersilie bestreuen.

Nährwerte pro Person: 375 kcal, 32 g EW, 13 g F, 31 g KH, 4 g BST

GEMÜSE-POMMES MIT DIP

FÜR 4 PERSONEN

2 große Kartoffeln (300 g)
3 Pastinaken (300 g)
3 Möhren (300 g)
1 Rote Bete
200 g grüne Bohnen
3 EL Rapsöl

Für den Dip

200 g Frischkäse
200 g Naturjogurt
3 EL Tomatenmark
2 EL Ahornsirup
2 EL Orangensaft
1 EL Sojasauce oder Balsamico-Essig
Salz und Pfeffer

Zubereitungszeit: 25 Minuten, Backzeit: 25 Minuten

1 Das Gemüse schälen und in pommesgroße Stäbchen schneiden. Die Bohnen waschen, die Enden abknipsen. Das Gemüse nebeneinander auf ein mit Backpapier belegtes Blech legen. Mit etwas Rapsöl bepinseln und mit Salz würzen. Die Gemüse-Pommes im Ofen (Ober-/ Unterhitze) bei 185 Grad etwa 25 Minuten knusprig backen.

2 In der Zwischenzeit Frischkäse mit Naturjoghurt vermengen und dann mit Tomatenmark, Ahornsirup, Orangensaft und Sojasauce oder Balsamico-Essig cremig rühren. Mit einer Prise Salz und Pfeffer abschmecken.

Nährwerte pro Person: 375 kcal, 11 g EW, 18 g F, 37 g KH, 6 g BST

BUTTERMILCH-PFANNKUCHEN

FÜR CA. 6 PFANNKUCHEN

300 g Mehl
300 ml Buttermilch
4 Eier
Salz
1 Päckchen Vanillezucker
2 Bananen
4 EL Rapsöl zum Ausbacken

Zubereitungszeit: 10 Minuten

1 Mehl mit Buttermilch, Eiern, 1 Prise Salz und Vanillezucker zu einem glatten Teig rühren. Bananen schälen und in dünne Scheiben schneiden.

2 Etwas Rapsöl in einer beschichteten Pfanne erhitzen und mit einem Schöpflöffel Teig in die Pfanne füllen. Bananenscheiben auf dem Pfannkuchen verteilen und circa 3 Minuten backen, wenden und von der anderen Seite goldgelb ausbacken. Wer mag, beträufelt die Pfannkuchen mit etwas Ahornsirup oder bestäubt sie mit ein wenig Puderzucker.

Nährwerte pro Stück: 340 kcal, 11 g EW, 11 g F, 47 g KH, 2 g BST

DEZEMBER

Mmmmhhhh... der Duft von Vanille ist einfach nur himmlisch. Da werden Erinnerungen wach an kuschlige Omas, köstlichen Geburtstagskuchen, stimmungsvolle Weihnachten und vor allem an ganz viel (Back-)Liebe!

WIE WIRD VANILLE GEZÜCHTET?

Vanillepflanzen werden in Plantagen angebaut und ihre Früchte kurz vor der Reife gelbgrün geerntet. Die bis zu 30 Zentimeter langen Kapseln gewinnen aber **erst nach der aufwendigen Schwarzbräunung** ihren hocharomatischen Geschmack. Hierfür werden die beliebten Stangen mit Heißwasser behandelt, in luftdichten Behältern gegoren und dann getrocknet. Dieses komplizierte Verfahren dauert **bis zu vier Wochen** – erst dann verwandelt sich das Vanille der Kapselfrucht in den **Hauptaromastoff Vanillin**. Gleichzeitig schrumpfen die Schoten zu den glänzenden schwarzbraunen Vanillestangen, die wir in der Küche verwenden.

GUT ZU WISSEN:

DIE VANILLE

Die süße Vanille betört durch ihren feinen Geruch – der glücklich macht!

Baby Familie

TIPP

Eine ausgekratzte Vanilleschote mit 200 g Zucker in ein luftdicht verschließbare Glas füllen, schütteln und **2 bis 3 Wochen ziehen lassen**. Zwischendurch immer mal wieder schütteln. Der selbst gemachte Vanillezucker verleiht Crêpes oder Obstbrei besonderen Pfiff.

VANILLE-ABC

Ob in Pudding oder Eis – nicht in allen Lebensmitteln steckt echte Vanille drin. So entziffern Sie den Sprachcode. **Vanillearoma:** chemisch hergestelltes Aroma, keine echte Vanille. **Natürliches Aroma:** natürlicher Ursprung des Aromas auf pflanzlicher oder mikrobiologischer Basis – aber nicht aus der echten Vanille. **Natürliches Vanillearoma:** Mindestens 95 Prozent müssen aus der Vanilleschote gewonnen sein. **Vanillezucker:** Mix aus Zucker und gemahlener Schote oder Vanilleextrakt aus der Schote. **Vanillinzucker:** Zucker und Vanillinaroma aus natürlicher oder synthetischer Herstellung.

KNUSPRIGES LAMM MIT KRÄUTERSEITLINGEN

FÜR 4 PERSONEN

500 g Lammfilet
300 g Kräuterseitlinge
1 rote Zwiebel
1 Birne
4 EL Olivenöl
Salz und Pfeffer
2 Stängel frischer Rosmarin
500 g Kartoffeln (mehlig kochend)
200 ml Milch
50 g Butter
2 Knoblauchzehen

20 Zubereitungszeit: 20 Minuten, Backzeit: 25 Minuten

1 Den Backofen auf 180 Grad vorheizen. Das Lamm waschen und trocken tupfen. Seitlinge putzen. Zwiebel abziehen, vierteln und in einzelne Häute trennen. Birne waschen, Kerngehäuse entfernen und das Obst in etwa 0,5 cm breite Spalten schneiden.

2 Das Öl in einer Pfanne erhitzen. Das Lamm rundum kurz scharf anbraten und in eine ofenfeste Form geben. Pilze, Zwiebel und Birne kurz in der heißen Pfanne schwenken. Alles, auch das Fleisch, mit Salz und Pfeffer würzen. Gemüse und Rosmarin zum Fleisch geben und im Ofen (Mitte, Ober-/Unterhitze) circa 25 Minuten braten.

3 Die Kartoffeln schälen und in Salzwasser weich kochen. Das Wasser abgießen, die Kartoffeln mit Milch und Butter zerstampfen. Knoblauch abziehen, durchpressen, unter den Stampf mischen, mit Salz abschmecken. Alles auf Tellern anrichten.

Nährwerte pro Person: 485 kcal, 32 g EW, 28 g F, 24 g KH, 4 g BST

ADVENTSBROT

FÜR 1 BROT, CA. 15 SCHEIBEN

500 g Speisequark (Magerstufe)
300 g weiche Butter
4 Eier
300 g Zucker
1 kg Dinkelmehl
1 EL Backpulver
Salz
Abrieb von 1 Bio-Zitrone
100 g Pistazien
1 EL (Ceylon-)Zimt
2 EL Honig

20 Zubereitungszeit: 20 Minuten, Backzeit: 45 Minuten

1 Den Quark mit der Butter, den Eiern und dem Zucker verrühren. Mehl, Backpulver, 1 Prise Salz und Zitronenabrieb untermischen und alles gut verkneten.

2 Die Pistazien in einer beschichteten Pfanne ohne Fett rösten. Pistazien, Zimt und Honig kurz pürieren. Die Pistazienmasse vorsichtig in den Teig kneten.

3 Den Teig in eine mit Backpapier ausgelegte Kastenform geben. Das Brot im Ofen auf mittlerer Schiene bei 175 Grad (Umluft) etwa 45 Minuten backen.

Nährwerte pro Scheibe: 554 kcal, 16 g EW, 22,4 g F, 67 g KH, 3,2 g BST

LACHSCREME AUF TORTILLA-CHIPS

FÜR 4 PERSONEN

ca. 100 g Tortilla-Chips (natur)
200 g gebratener Lachs
100 g Frischkäse
1 Bund frischer Dill (gewaschen, Stiele entfernt)
½ Bio-Zitrone (Saft und Abrieb von der Schale)
Salz und Pfeffer
2 Stangen Staudensellerie (geputzt)

10 Zubereitungszeit: 10 Minuten

1 Die Tortilla-Chips auf einer Platte verteilen. Gebratenen Lachs klein schneiden und mit Frischkäse, Dill (bis auf einen Kräuterrest für die Deko), Zitronensaft und Abrieb der Schale in ein hohes Gefäß geben. Mit dem Pürierstab fein pürieren. Die Creme mit Salz und Pfeffer abschmecken.

2 Je einen Klecks Creme auf die Chips streichen. Schneiden Sie 2 Stangen Sellerie in circa 8 cm lange Stücke und bestreichen Sie die Selleriestangen mit der Lachscreme. Alles mit dem restlichen Dill garnieren.

Nährwerte pro Person: 280 kcal, 15 g EW, 15 g F, 18 g KH, 2 g BST

SPEKULATIUS-BUSSERL

Zubereitungszeit:
20 Minuten, Backzeit:
20 Minuten

Für ca. 35 Stück

75 g weiche Butter
125 g Zucker
1 Ei
Mark von 1 Vanilleschote (oder ein Päckchen Vanillezucker)
1 EL Spekulatiusgewürz
Salz
200 g Mehl
75 g gemahlene Mandeln
30 g Puderzucker zum Bestäuben

1 Zuerst die Butter mit Zucker, Ei, Vanillemark, Spekulatiusgewürz und 1 Prise Salz schaumig rühren. Dann das Mehl in die Schüssel sieben, die Mandeln dazugeben und alles gut verkneten.

2 Zwei Backbleche mit Backpapier belegen. Mit einem Teelöffel oder den Fingern kleine Häufchen auf die Bleche setzen. Vorsicht: nicht zu nah aneinanderreihen, da sich die Kekse durch die Hitze noch ein bisschen aneinanderschmiegen. Bei 160 Grad circa 20 Minuten im Ofen (Mitte, Umluft) backen. Mit Handschuhen aus dem Ofen holen, abkühlen lassen und mit Puderzucker bestäuben.

Nährwerte pro Stück: 70 kcal, 1 g EW, 3 g F, 8 g KH, 0 g BST

IMPRESSUM

Schnelle Familienküche
Einfache Rezepte für jeden Monat

ISBN 978-3-927216-61-7
PZN: 16685632

2. Auflage 2020
Wort & Bild Verlag
Konradshöhe GmbH & Co. KG
Konradshöhe 1, 82065 Baierbrunn
Handelsregister: Amtsgericht München
HRA 44980
USt-ID-Nr. DE 130750628

Geschäftsführer: Andreas Arntzen (Vorsitzender), Dr. Dennis Ballwieser
Chefredakteurin: Stefanie Becker
Autorin: Susanne Klug, Tanja Eckes, Annabelle Fischer, Sabine Hoffmann, Kirsten Hoffmeister, Madlen Ottenschläger, Andrea Schmidt-Forth

Bildbearbeitung: Gianna Pilloni
Produktion: Angelika Emmert
Grafik & Satz: Catharina Burmester
Druck: Optimal Media GmbH, Röbel/Müritz

MIX
Papier aus verantwortungsvollen Quellen
FSC® C108521
www.fsc.org

Im Vertrieb der Edel Verlagsgruppe
Edel Germany GmbH, Neumühlen 17, 22763 Hamburg, buchvertrieb@edel.com

Das Layout wird lizenziert von der ZS Verlag GmbH, Konzeption und Projektleitung: ZS Verlag GmbH.

Hinweis
Die Ratschläge in diesem Buch wurden sorgfältig von Autoren und Verlag erarbeitet und geprüft. Erkrankungen gehören in ärztliche Behandlung. Das Buch kann daher keinen ärztlichen Rat ersetzen.

Bildnachweis
Umschlag: W&B/Julia Hoersch/Foodstyling: Pia Westermann/Styling: Katja Rahtjen
W&B/Katja Muggli
Innenteil: Barbara Donaubauer: 4, 13
Getty Images/Foodcollection; Illustration: W&B/Oksana Gepting: 65
Getty Images/fotogal/iStockphoto; Illustration: W&B/Oksana Gepting: 45
Getty Images/ithinksky/E+; Illustration: W&B/Oksana Gepting: 77
Getty Images/scisettialfio/iStockphoto; W&B/Oksana Gepting: 133
Getty Images/Vesna Jovanovic/EyeEm; Illustration: W&B/Oksana Gepting: 35
iStockphoto: 10, 11, 12, 13, 18, 62,67, 70, 79, 106, 118
Shutterstock: 11, 12, 13 ,32 ,43, 79, 84 ,93, 103, 131, 136
Shutterstock/Creatarka: 1
stock.adobe.com/Julian Weber, Illustration: W&B/Oksana Gepting: 25
Stockfood/Christel Rosenfeld; Illustration: W&B/Oksana Gepting: 99, 123
Stockfood/Thomas Dhellemmes; Illustration: W&B/Oksana Gepting: 89
Getty Images/Westend61; Illustration: W&B/Oksana Gepting: 15, 55, 111
W&B/André Kirsch: 4
W&B/Astrid Zacharias: 111
W&B/Julia Hoersch/Foodstyling: Pia Westermann/Styling: Katja Rahtjen: 16, 18, 19, 20, 22, 26, 28, 29, 30, 32, 33, 37, 38, 39, 40, 42, 47, 48, 49, 50, 52, 56, 58, 59, 61, 62, 63, 66, 67, 68, 71, 72, 75, 78, 80, 82, 83, 84, 85, 87, 90, 92, 94, 95, 97, 100, 102, 103, 104, 107, 108, 110, 112, 114, 115, 116, 118, 119, 120, 125, 126, 129, 130, 135, 136, 137, 138
W&B/Katja Muggli: 6, 7, 8, 9

#WirktLokal

Kennen Sie die Leistungen Ihrer Apotheke vor Ort?

Apotheken Umschau · Baby und Familie · Senioren Ratgeber · DiABETI Ratgeber